El reto
de la vida

El autor

Scott MacMillan (Nueva Escocia) tiene veinte años de experiencia con la YMCA en todo Canadá y el Medio Oriente, en cargos de administración y consultoría. Posee un master en administración de empresas, una licenciatura en educación física y un certificado en educación de adultos. Ha sido atleta de competencia en una variedad de deportes durante treinta años, y ha participado en más de cien carreras y triatlones. Es instructor de artes marciales y tiene cinturón negro en judo y karate. Actualmente es conferencista y estudiante de Ph.D. en el Management Department en la St. Mary's University de Halifax, Nueva Escocia.

Correspondencia al autor

Para contactar o escribir al autor, o para obtener más información sobre este libro, envíe su correspondencia a Llewellyn Español para serle remitida al mismo. La casa editora y el autor agradecen su interés y sus comentarios sobre la lectura de este libro y sus beneficios obtenidos. Llewellyn Español no garantiza que todas las cartas enviadas serán contestadas, pero le asegura que serán remitidas al autor.

Por favor escribir a:

Scott MacMillan
℅ Llewellyn Español
P.O. Box 64383, Dept. 0-7387-0401-6
St. Paul, MN 55164-0383, U.S.A.

Incluya un sobre estampillado con su dirección y $US 1.00
para cubrir costos de correo. Fuera de los Estados Unidos
incluya el cupón de correo internacional

El reto de la vida

Scott MacMillan

Traducido al idioma español por
Héctor Ramírez y Edgar Rojas

2003
Llewellyn Español
St. Paul, Minnesota 55164-0383, U.S.A.

PRIMERA EDICIÓN
Primera impresión, 2003

Edición y coordinación general: Edgar Rojas
Fotografía de la portada: Cover image © Picture Quest
Diseño de la portada: Gavin Dayton Duffy
Diseño del interior: Michael Maupin

Biblioteca del Congreso. Información sobre esta publicación
Library of Congress Cataloging-in-Publication Data
MacMillan, Scott
ISBN: 0-7387-0401-6
[pendiente; pending]

La Editorial Llewellyn no participa, endosa o tiene alguna responsabilidad o autoridad concerniente a los negocios y transacciones entre los autores y el público. Las cartas enviadas al autor serán remitidas a su destinatario, pero la editorial no dará a conocer su dirección o número de teléfono, al menos que el autor lo especifique.

La información relacionada al Internet es vigente en el momento de esta publicación. La casa editorial no garantiza que dicha información permanezca válida en el futuro. Por favor diríjase a la página de Internet de Llewellyn para establecer enlaces con páginas de autores y otras fuentes de información.

Nota: las prácticas, técnicas y meditaciones descritas en este libro no deben ser usadas como alternativa al tratamiento médico profesional. Este libro no pretende dar diagnósticos, tratamientos, prescripciones o sugerencias de medicación en relación con cualquier enfermedad, deformidad o condición física humana.

El autor y la editorial de este libro no son responsables en ningún modo de las lesiones que puedan ocurrir al seguir las instrucciones contenidas aquí. Se recomienda que antes de empezar cualquier práctica de curación alternativa o plan de bienestar físico, consulte a su médico a fin de determinar si usted está apto médica, física y mentalmente para desarrollar la práctica.

Llewellyn Español
Una división de Llewellyn Worldwide, Ltd.
P.O. Box 64383, Dept. 0-7387-0401-6
St. Paul, MN 55164-0383, U.S.A.
www.llewellynespanol.com

Impreso en los Estados Unidos

Contenido

Agradecimientos

Quiero agradecer a mi compañera Meredith Ralston por su estímulo, apoyo y consejo. También doy gracias a Sue Campbell, Pam Rubin, Mark Gilbert, Sharon Bear, Terrance Weatherbee y Susan Golant, por la ayuda que me brindaron.

Agradezco a Barbara Harris, mi agente literaria, y a todo el personal de la Editorial Llewellyn.

Y por último, doy gracias a mi familia, en forma especial a mis padres, quienes me enseñaron la importancia de los valores.

Introducción
Su plan en la vida

*Lo que preparamos
es lo que conseguiremos.*
WILLIAM GRAHAM SUMNER

Estrategias del plan:

1. Conocer sus valores.

2. Saber cuál es su dirección.

3. Ser un pensador crítico e independiente.

4. Ser disciplinado.

5. Dejar atrás problemas pasados.

6. Disfrutar la soledad.

7. No dejar que el miedo al fracaso lo detenga.

8. Ser responsable por sus elecciones.

9. Vivir el momento.

10. Estar sano y en buena forma.

Hágase estas preguntas:

¿Disfruta la vida?

¿Controla su vida?

¿Tiene el conocimiento y las habilidades necesarias para aplicarlos en su vida?

¿Tengo la vida que soñaba cuando era adolescente?

¿Hay un vacío entre mis expectativas y mi realidad?

Si sus respuestas no eran lo que esperaba, no se preocupe. No está solo.

Muchas personas no están preparadas

Susan tiene unos cuarenta años y ha trabajado como maestra de escuela casi veinte años. Ya no encuentra interesante o satisfactorio su trabajo, y se siente agotada al final de cada día. No está segura de qué trabajo le gustaría hacer. Nunca enfrenta nuevos retos porque le tiene miedo al fracaso o la decepción. Es consciente de que no es feliz, pero no tiene idea por qué ni sabe qué hacer al respecto.

Bill tiene unos cincuenta y cinco años y ha tenido dos divorcios. No le gusta vivir solo y sale con muchas mujeres con frecuencia tratando de encontrar una nueva pareja lo más pronto posible. Cuando sus amigos le preguntan qué desea en una relación, dice que busca a alguien con quien él "vibre", pero no está seguro de lo que eso significa. Si se le pregunta cuáles son sus valores, no puede dar una clara respuesta.

El problema con Susan y Bill es que no se conocen a sí mismos muy bien. Nunca estuvieron preparados para la vida. Ambos viven tristes con su situación actual, pero no saben cómo cambiar las cosas. Carecen del conocimiento que les permita ayudarse a sí mismos. Por desgracia, sus historias son bastante típicas.

Marion Jones, ganadora de cinco medallas en las Olimpiadas del 2000, no competiría en un certamen deportivo sin prepararse apropiadamente. Ella entrena física y mentalmente para que su probabilidad de éxito sea maximizada y el riesgo de lesiones sea minimizado. Si no ha entrenado apropiadamente, es improbable que desarrolle su mayor potencial, cumpla sus objetivos y gane eventos al enfrentar una dura competencia. Aunque no puede controlar por completo el resultado final, se prepara para dar lo mejor de sí misma.

Tratar de vivir sin una base adecuada es similar al atleta que no está preparado para las Olimpiadas. Se puede tener éxito por un tiempo, pero la probabilidad de mantenerlo a largo plazo es mínima, especialmente al enfrentar grandes retos. La vida llevada de esta forma será un proceso constante de ensayo y error en el que cualquier cosa puede suceder.

> En todas las cosas, el éxito depende de la previa preparación,
> y sin tal preparación, es probable que llegue el fracaso.
> — *Confucio*

¿En qué nos hemos equivocado?

¿Por qué no tenemos la vida que deseamos? Poseemos un enorme potencial, pero no tenemos la base para desarrollarlo. Algunos de los problemas incluyen:

- ✦ No conocemos nuestros valores
- ✦ No tenemos un propósito en la vida
- ✦ No pensamos por nosotros mismos
- ✦ No tenemos la disciplina para permanecer enfocados
- ✦ No podemos liberarnos del pasado
- ✦ Tenemos miedo de estar solos
- ✦ Dejamos que el miedo al fracaso nos detenga
- ✦ No hacemos elecciones "conscientes"
- ✦ Olvidamos vivir el momento
- ✦ No estamos tan sanos y en forma como deberíamos
- ✦ ¡No estamos preparados para la vida!

Una de las reflexiones más mortificantes para el hombre es comparar lo que ha hecho con lo que pudo haber hecho.

⁓ *Samuel Johnson*

La vida es lo que hacemos de ella

La vida es similar a un viaje por un río largo y serpenteante, con inesperadas curvas y giros. Es impredecible, y nunca sabemos lo que nos espera más adelante. Muchos no vivimos el viaje que elegimos. Nuestra vida no es lo que esperábamos. A pesar de los mayores esfuerzos de padres y educadores, no aprendemos lo que necesitamos para vivir eficazmente. No estamos conscientes de nuestra capacidad, o las habilidades básicas que necesitamos para manejar las complejidades del mundo. No estamos preparados para salir superar los retos cotidianos, y mucho menos para tener una vida proactiva en base a buenas elecciones, una que colme nuestras expectativas y sueños.

No tengo duda de que lo que mayoría de personas vive, ya sea física, intelectual o moralmente, en un círculo muy limitado de su ser potencial . . . todos tenemos reservorios de vida para utilizar, una capacidad que ni siquiera soñamos.

⁓ *William James*

Tener la vida que elegimos

El mayor reto es tener la vida que escogemos, de tal forma que podamos mirar atrás y sentirnos satisfechos de nuestro viaje. El objetivo más importante para todos es tener una vida plena que brinde alegría y satisfacción. Para lograrlo, es necesaria la preparación adecuada. Es posible aprender lo que necesitamos para guiar nuestro viaje y vivir proactivamente. Aunque no podemos controlar por completo los giros del "río de la vida", con la preparación ideal podemos hacer que el viaje sea satisfactorio y gratificante.

La vida es como un juego de cartas. La mano que nos toca en el reparto representa el determinismo; la forma en que la juguemos es el libre albedrío.

— *Jawaharlal Nehru*

Establezca el plan de su vida

El reto de la vida es una guía para establecer un plan completo para la vida. El plan le da una fuerte base personal, de tal forma que esté preparado para las complejidades y desafíos de la existencia, y pueda experimentar una vida plena escogida por usted mismo. Lo maravilloso al establecer este plan es que no se trata de suerte genética u oportunidades. El propósito es desarrollar las diez estrategias que combinadas crean la base necesaria para fortalecerse y estar preparado para el gran juego de la vida. Todos podemos hacerlo; con el aprendizaje apropiado, podrá tener un plan exitoso.

La mayor derrota personal sufrida por los seres humanos está constituida por la diferencia entre lo que uno pudo ser y lo que en realidad uno es.

— *Ashley Montagu*

El plan para su vida

El plan para su vida consta de diez estrategias:

1. *Conocer sus valores.* Los valores guían las decisiones que tomamos a lo largo de la vida. Debe identificar sus valores con claridad, entender lo que significan y vivir de acuerdo a ellos.

2. *Saber cuál es su dirección.* La dirección es su enfoque o propósito principal en la vida en un momento indicado.

3. *Ser un pensador crítico e independiente.* Un pensador crítico e independiente es aquel que toma sus propias decisiones y "piensa en su pensamiento". Usted debe cuestionar su propio

pensamiento, aceptar cuando está equivocado, y constantemente preguntar "por qué". No es fácilmente influenciado por los demás.

4. *Ser disciplinado.* Ser disciplinado significa controlar las costumbres y acciones cotidianas. Una persona disciplinada también puede trabajar para lograr objetivos sin ser desviada del propósito o bloqueada cuando enfrenta la adversidad.

5. *Dejar atrás problemas pasados.* Pensar en problemas del pasado hace perder energía y tiempo valiosos. La capacidad de dejar atrás eventos y seguir adelante, es necesaria para tener la energía y el tiempo para enfocarse en el presente y lo que se desea en el futuro.

6. *Disfrutar la soledad.* Muchas personas evitan la soledad a cualquier costo. La capacidad de estar solo le evitará rodearse de individuos que drenan su energía, y aumentará su confianza en sí mismo. La soledad genera tiempo para la autoreflexión, lo cual conduce a una mayor conciencia personal.

7. *No dejar que el miedo al fracaso lo detenga.* El miedo al fracaso o desconcierto puede impedirle enfrentar nuevos retos, y así perder oportunidades. Es importante aceptar que, en ocasiones, tendrá miedo o se sentirá desconcertado, pero no deje que esto rija su destino y le impida experimentar la vida a plenitud.

8. *Ser responsable por sus elecciones.* La vida es un proceso en el que constantemente se hacen elecciones, unas importantes y otras menores. Debe distinguir entre destino y elección, aceptar sus elecciones y ser responsable de ellas. Su futuro estará determinado por las elecciones que haga en el presente.

9. *Vivir el momento.* Es fácil desperdiciar tiempo y energía reviviendo el pasado o preocupándose por el futuro. Como resultado, dejamos a un lado el presente. Vivir el momento es enfocarse en cada día, disfrutarlo y aprovecharlo al máximo.

10. *Estar sano y en buena forma.* Si tiene buena salud, poseerá la energía necesaria para ser productivo cada día, además de los medios físicos para hacer lo que desea, y podrá enfrentar los retos físicos y los tiempos estresantes que son parte de la vida.

Más que la suma de sus partes

Cada estrategia del plan en forma individual beneficiará su vida. Pero juntas, brindarán una base sólida desde la cual puede cambiar su futuro significativamente. Juntas le darán la fuerza que necesita para enfrentar el mundo. Muchos han desarrollado al menos algunas de las estrategias hasta cierto punto. Pero pocas las han desarrollado todas hasta el final. La clave es empezar a desarrollar las estrategias lo más temprano posible y saber que trabajan juntas, reforzándose y edificándose entre sí. Si usted desarrolla las diez estrategias, tendrá una base personal sólida para una vida satisfactoria.

Los beneficios del plan

Los beneficios de estar preparado para la vida son muchos. Usted podrá:

✦ Tener una vida más proactiva y hacer que la realidad refleje sus expectativas

✦ Tomar sus decisiones, en lugar que otros lo hagan por usted

✦ Mantener el enfoque necesario para alcanzar sus metas

✦ Manejar mejor las circunstancias que lo afectan emocionalmente

✦ Estar seguro de sí mismo

✦ Manejar crisis e incidentes desafortunados

✦ Escoger la carrera y las relaciones que desea

✦ Mantener su salud física y emocional

Tenga en cuenta que la base proveída por el plan sólo es un punto de partida. Desarrollar las estrategias y tener la base no garantiza el éxito o la felicidad. El camino que tome para ser feliz aún depende de usted. La base sólo da la fuerza para que haga el viaje.

> La vida no tiene un sentido diferente al significado que el hombre le otorga al descubrir sus poderes. Para "maximizar nuestro potencial", debemos aprovechar los recursos disponibles diseñados para aumentar la comprensión de nosotros mismos, de

las personas que nos rodean y de la vida de la que ahora somos parte. Nos convertimos en lo que hemos labrado. Las oportunidades que la vida ofrece nos ayudan a desarrollar nuestro potencial, que puede ser explorado cuando estamos equipados con las herramientas apropiadas.

⁓ *Erich Fromm*

Desarrollar las Diez Estrategias por medio de la práctica

Cada estrategia puede ser desarrollada con este método de cinco pasos:

1. Aprenda y entienda cada estrategia.

2. Identifique dónde se encuentra en su desarrollo personal con cada estrategia.

3. Póngase el reto de avanzar a un nivel superior.

4. Cuando llegue a un nivel superior, aumente el desafío gradualmente.

5. Haga que las estrategias sean parte de su vida cotidiana y continúe desarrollándolas a lo largo de la vida.

En comparación con lo que deberíamos ser, sólo estamos a mitad de camino. Usamos una pequeña parte de nuestros recursos físicos y mentales. Por tal razón, el ser humano vive bien adentro de sus límites. Posee poderes de diversos tipos que habitualmente no utiliza.

⁓ *William James*

Consejos de preparación

Tal vez encuentre que algunas de las estrategias son relativamente fáciles de desarrollar, y otras presentan mayor dificultad. No se desanime. Tenga paciencia consigo mismo y siga su propio ritmo. Siempre que esté progresando en una o más de las estrategias, irá en la dirección correcta.

1. Use un libro de trabajo o archivo de computador en su preparación. Divídalo en diez secciones, una para cada estrategia del plan.

2. Utilice la lista al final de este capítulo para hacer una evaluación honesta de sí mismo al empezar y a medida que progrese.

3. Identifique sus mayores fortalezas y debilidades. Use el plan de acción presentado al final de cada capítulo, a fin de desarrollar un plan para superar las debilidades y mejorar las fortalezas.

4. Trabaje en las estrategias a su propio ritmo, dando grandes pasos unas veces, y avanzando poco a poco en otras ocasiones.

5. Haga que el desarrollo de una o más de las estrategias sea un reto cotidiano para usted.

Resumen

La vida es similar a un viaje por un río largo y serpenteante, con inesperados giros y curvas. Muchos no vivimos el viaje elegido, y la vida que al final tenemos no es lo que esperábamos. ¿En qué nos hemos equivocado? ¡No estamos preparados apropiadamente para la vida! No tenemos la formación adecuada. El mayor reto es tener una vida de nuestra elección y sentirnos realizados. Ser parte del gran juego de la vida es tener las herramientas necesarias para estar preparados óptimamente, y hay muchos beneficios al poseerlas. El plan consta de diez estrategias:

1. Conocer sus valores.

2. Saber cuál es su dirección.

3. Ser un pensador crítico e independiente.

4. Ser disciplinado.

5. Dejar atrás problemas pasados.

6. Disfrutar la soledad.

7. No dejar que el miedo al fracaso lo detenga.

8. Ser responsable por sus elecciones.

9. Vivir el momento.

10. Estar sano y en buena forma.

    Cualquiera puede construir esta base. Usted puede desarrollar el cimiento que necesita para vivir según sus términos. Las diez estrategias pueden ser desarrolladas mediante un simple método de cinco pasos, y mantenidas constantemente a lo largo de su vida. Este libro será su guía. En los siguientes capítulos, verá cada estrategia, por qué necesita tenerla y cómo desarrollarla. Al final de cada capítulo hay una lista de autoevaluación para determinar su punto de partida con la estrategia, un plan de acción para iniciar la preparación, y una lista de recursos para lecturas adicionales.

LISTA DE AUTOEVALUACIÓN

Puede hacer copias adicionales de esta lista, ya que debe ser usada a lo largo de su preparación y aprendizaje. Encuentre su posición en las estrategias del plan usando la siguiente escala de puntuación.

1 = No en lo absoluto   2 = Rara vez   3 = A veces   4 = Con frecuencia
5 = Nunca

Estrategia	Puntuación
Conozco mis valores	
Sé cuál es mi dirección	
Soy un pensador crítico e independiente	
Soy disciplinado	
Puedo dejar atrás problemas pasados	
Me siento bien pasando el tiempo solo	
No dejo que el miedo al fracaso me detenga	
Soy responsable de las elecciones que hago	
Vivo el momento	
Estoy sano y en buena forma	
Puntuación total / 50	

Su objetivo, finalmente, debería ser una puntuación entre 40 y 50, sin tener una puntuación menor de 4 en cada estrategia.

LECTURAS ADICIONALES

Hay muchos recursos excelentes que puede encontrar útiles. Las siguientes son algunas lecturas sugeridas.

Carter-Scott, Cherie. *If Success Is a Game, These Are the Rules.* Broadway Books, 2000.

Covey, Stephen R. *The Seven Habits of Highly Effective People.* Simon & Schuster, 1989.

McWilliams, Peter. *Life 101.* Revised edition, Prelude Press, 1994.

Richardson, Cheryl. *Take Time for Your Life.* Broadway Books, 1999.

Estrategia

1

Conocer
sus valores

No es difícil tomar decisiones
cuando sabemos cuáles son nuestros valores.

Roy Disney

Conocer sus valores significa:

Saber cuáles son sus principales valores.

Saber qué acciones se relacionan con ellos.

Tomar decisiones basadas en tales valores.

No significa:

Ser una persona inflexible.

No transigir en ocasiones.

Juzgar a personas que tienen diferentes valores.

Hágase estas preguntas:

¿Sabe cuáles son sus principales valores?

¿Entiende lo que sus valores significan para usted?

Cuando toma decisiones, ¿considera si las opciones están de acuerdo con sus valores?

¿Puede describir claramente sus valores a los demás?

Conocer sus valores

La primera y más importante estrategia para estar preparado en la vida, es conocer sus valores y lo que significan para usted. Los valores son el componente clave de lo que somos, y forman la base en el momento de tomar decisiones. Son nuestras creencias más firmes, las cosas de la vida que más nos importan. Dan las razones para las elecciones y acciones a lo largo de la vida, y determinan la carrera que queremos, el tipo de relación que nos hará felices y la forma en que elegimos. Los valores también actúan como un faro que nos guiará en esos tiempos en que las cosas no son claras.

Los beneficios al conocer sus valores son:

- ✦ Tendrá una buena comprensión de quien es usted —lo que es importante y lo motiva—.

- ✦ Tendrá una guía a lo largo de toda la vida que servirá como una base para tomar decisiones.

Conocerse a sí mismo comienza con sus valores

Como ya se mencionó, los valores son la parte más importante del entendimiento de lo que somos como personas. Conocer sus valores y cómo los categoriza entre sí, hace de usted el individuo que es. Son una fuente de fortaleza en que puede confiar y buscar dirección. Si no sabe cuáles son sus valores, no tendrá un buen conocimiento de sí mismo, ni tendrá la base que necesita para tomar decisiones y guiar su vida.

Jane no conoce muy bien sus valores. No ha pensado mucho acerca de ellos, y encuentra muy difícil y estresante tomar decisiones. Siempre está insegura de lo que debe hacer y con frecuencia cambia de parecer. Debido a que no sabe exactamente cuáles son sus valores, no puede evaluar bien sus opciones cuando enfrenta elecciones. Ella termina tomando decisiones de forma fortuita, sin una base sólida que las respalde.

Edward ha tomado el tiempo para identificar sus valores y entender lo que significan para él. Sus principales valores son su familia, seguido por la comunidad, el éxito en su carrera y viajar. Cada vez que debe decidir algo, revisa las opciones basado en sus valores. Hace unos días le ofrecieron un ascenso que significaba más estrés y mudarse a una nueva ciudad. Lo pensó cuidadosamente, evaluando las opciones de acuerdo a sus valores. Al final rechazó el ascenso, ya que lo obligaba a pasar mucho tiempo lejos de su familia y la comunidad que quería, lo cual es más importante para él que el progreso en su carrera.

La diferencia entre estas dos personas es que Edward conoce sus valores y Jane no. Esta es una distinción enorme que los afectará toda la vida. Si Jane conociera sus valores, tendría una fuerte base para cuando deba hacer elecciones. Sin duda alguna su vida sería muy diferente.

> Los valores son la base de nuestro carácter y nuestra confianza. Una persona que no sabe lo que representa o debería representar, nunca disfrutará la felicidad y el éxito verdaderos.
>
> *— Lionel Kendrick*

Los valores son su guía

Es difícil viajar por el camino de la vida si no tenemos los parámetros necesarios. Si usted no entiende sus valores, no se conocerá a sí mismo ni sabrá qué lo motiva. Si no sabe cuáles son sus prioridades, parecerá que ninguna elección es más importante que las otras. La vida llevada de esta forma puede ser una experiencia frustrante e infeliz. La vida es un proceso constante de tomar decisiones, y sin una base para hacerlo, vivirá en un continuo estado de "indecisión". Su existencia será un interminable proceso de ensayo y error.

Para algunas personas, la carrera no es una alta prioridad en su sistema de valores, y se sienten realizadas de otras formas. Como resultado, lo que hacen por una carrera no es vital para ellas. En otros casos, la carrera es el principal medio para lograr la satisfacción personal, y por consiguiente puede ser la elección más importante en la vida.

> Karen y Bob no son felices en sus trabajos actuales. Él se siente insatisfecho pero no sabe exactamente por qué. Valora la independencia pero no tiene la suficiente conciencia de ello. Su trabajo no se la provee. Cambia de empleo con frecuencia, pero termina en trabajos similares que no le brindan la independencia que desea. Sigue sintiéndose inconforme y aún está confundido.
>
> Karen reflexiona sobre sus valores y se da cuenta de que la razón de su infelicidad es que su actual trabajo no le da la independencia que ella aprecia. Considera otros empleos y al final consigue uno que se ajusta a su sistema de valores.

Conocer sus valores marca una enorme diferencia en el mundo.

 ¿Su carrera se ajusta a su sistema de valores? ¿Su trabajo es muy importante para usted o sólo es un medio para ganarse la vida?

★ ¿Evalúa posibles trabajos de acuerdo a sus valores?

Sólo usted puede definir sus valores

Los valores varían enormemente de persona a persona, y lo que es importante para usted puede no serlo para alguien más. Sus valores pueden diferir dramáticamente incluso de los de parientes y amigos. Para muchas personas, la familia es el valor número uno. Para otras, puede ser el éxito profesional. No importa cuáles son sus valores; lo importante es que los conozca y sepa lo que significan para usted. Muchas personas no han pensado a profundidad en sus valores. Como resultado, van a la deriva por la vida sin entender con claridad por qué hacen lo que hacen, sin una base sólida que respalde sus acciones. Permanecen en situaciones en las que son infelices, pero debido a que no saben la razón exacta de su desdicha, no pueden tomar las decisiones correctas para cambiar las circunstancias.

> David ha pasado su vida enfocado en las necesidades de otras personas, en especial las de su esposa, y ha tenido una vida cómoda y segura. Ha corrido pocos riesgos y siempre ha optado por la elección que cause menos problemas. Siempre ha estado de acuerdo con lo que su esposa quiere hacer y, en efecto, vive según el sistema de valores de ella. Ahora es consciente de que es infeliz pero no sabe por qué.

El problema de David es que nunca se ha examinado a sí mismo a profundidad, ni tratado de conocer sus propios valores. Si supiera cuáles son sus principales valores, podría reconocer que no estaba viviendo de acuerdo a ellos. Si entendiera esto, podría emprender un camino diferente, uno que eventualmente lo haga sentir mucho más feliz y realizado.

¿A quién admira?

Para entender mejor los valores en que cree, observe las personas que respeta. Todos tenemos modelos —individuos que admiramos por las cualidades que poseen—. Podemos admirar su inteligencia, sentido de familia, fama, riqueza, activismo en la comunidad o compasión por los demás. Pueden ser figuras históricas como Albert Einstein, Mahatma Gandhi, Martin Luther King Jr., la Madre Teresa o Simón Bolívar. Podrían ser personajes contemporáneos como Mijail Gorbachov, Nelson Mandela o el Dalai Lama. Pueden ser personas que usted conoce, tales como miembros de la familia, profesores, amigos o compañeros de trabajo. Incluso podría tratarse de personajes de la televisión y el cine.

Cada vez que veo las series de televisión de *Star Trek*, quedo impactado por la fortaleza de los capitanes. Siempre son individuos fuertes que encuentro admirables. Siempre tienen el control de sí mismos. Saben quiénes son, a dónde van en la vida, y lo consiguen. En especial admiro su sentido de independencia y fuerza de voluntad.

✦ ¿Quiénes son las personas que admira? ¿Por qué?

✦ ¿Qué cualidades admira en otras personas?

Muéstrame la persona que honras, para saber el tipo de persona que eres. Muéstrame cuál es tu idea de la humanidad.

— *Thomas Carlyle*

Clasificar sus valores según su importancia

La mayoría de personas tiende a estar de acuerdo en los valores básicos como la familia, la honestidad y el trabajo arduo, pero cuando se trata de identificar otros valores importantes, pueden diferir en gran manera. Algunos ejemplos de valores incluyen los siguientes (vea una lista más detallada en el plan de acción al final del capítulo):

✦ Aventura

✦ Éxito profesional

✦ Comunidad

✦ Familia

✦ Honestidad

✦ Independencia

✦ Espiritualidad

✦ Viajar

Todos tenemos estos valores hasta cierto punto. No se trata de que crea en ellos o quiera tenerlos, sino de cómo los prioriza al tomar decisiones. Para entender sus valores, cada uno debe ser considerado de importancia para usted. Esto le ayudará a determinar qué tan relevantes son en su vida, y cómo se clasifican comparativamente. Para algunos, el éxito profesional es su valor número uno, y a menos que lo tengan, nunca serán felices. Para otros, este logro es una prioridad baja, se ubica muy por debajo de la aventura y los viajes. Para ellos, un trabajo es sólo un medio para obtener el ingreso que necesitan para hacer lo que les gusta.

Por ejemplo, veamos la aventura. Si desea escalar montañas, saltar en paracaídas o ir de excursión por el desierto, la aventura es de vital importancia para usted. Si no tiene tal interés por estas actividades, entonces no es algo importante. La mayoría de personas se ubica en un lugar entre estos dos extremos. Debe saber qué posición tiene la aventura en su sistema de prioridades. Si es importante, necesita asegurar que su ritmo de vida le dé tiempo para la misma. Si no es relevante, entonces no tiene por qué preocuparse. ¿Dónde se ubicaría en una escala de 1 a 5 que mide el valor de la aventura en su vida? ¿Qué tan importante es para usted?

1 = No importante en lo absoluto   2 = No muy importante   3 = Ni importante ni poco importante   4 = Importante   5 = Muy importante

Los valores pueden cambiar con el tiempo

Nuestros valores no están grabados en piedra. Pueden cambiar ligeramente o mucho a lo largo de la vida, y debemos estar preparados para modificarlos con el tiempo. Es importante que no se aferre ciegamente a su sistema de valores en el que ya no cree. La vida se compone de una serie de etapas que atravesamos y, a medida que envejecemos, las cosas más importantes para nosotros pueden cambiar significativamente.

Por ejemplo, muchas personas consideran importante la carrera profesional cuando están en sus veintes y treintas. Cuando llegan a los cuarentas, toman prioridad otros valores como la familia y la espiritualidad. La seguridad económica por lo general no es relevante para un adolescente, pero al tener mayoría de edad, la necesidad de estabilidad financiera tiende a aumentar. Esto puede generar grandes cambios en la forma de ver la situación económica y en las costumbres de gastos y ahorro. Pero de nuevo puede cambiar la perspectiva cuando se llega a los sesentas. La seguridad económica para el futuro ya no es importante, y es posible empezar a gastar el dinero en viajes que habían sido aplazados.

Cuando John estaba en sus veintes y treintas, se preocupaba por tener éxito profesional y seguridad económica. No le importaban mucho las demás cosas, y nunca pensó en desarrollar su espiritualidad. Sin embargo, cuando llegó a sus cuarentas y vio que la salud de sus padres se deterioraba y uno de sus amigos se vio afectado por cáncer, empezó a sentir su mortalidad. Comenzó a cuestionar más la vida y a buscarle un mayor significado. La espiritualidad se convirtió en un valor muy importante para él.

¿Puede identificar valores en su vida que han cambiado con el tiempo?

Identificar sus valores

Si ha pensado mucho en sus valores, ya tiene un gran trecho recorrido. Si no lo ha hecho, quizás encontrará lento el proceso al comienzo. Se requiere de un claro pensamiento para identificar los valores, especialmente comprender lo que significan para uno. Esto significa hacernos muchas preguntas. El siguiente es un método de cuatro pasos para iniciar:

Paso uno: clasifique cada uno de los valores listados en el plan de acción con una puntuación de 1 a 5, siendo 1 no importante en lo absoluto, y 5 muy importante. Adicione otros valores importantes para usted que no están en la lista. Clasificándolos, rápidamente identificará cuáles valores son los más importantes y significativos en su vida actual.

1 = No importante en lo absoluto   2 = No muy importante   3 = Ni importante ni poco importante   4 = Importante   5 = Muy importante

Paso dos: liste los valores en orden desde la puntuación más alta hasta la más baja. Debido a que probablemente clasificó algunos valores con la misma puntuación, tendrá que hacer elecciones. Es bueno tener valores en la misma posición, pero no todos. Por lo general este es el problema —considerarlos iguales—. Es tentador pensar que todos son importantes, pero la idea es definir cuáles le interesan más. Pregúntese a sí mismo cuáles serían sus prioridades al tomar una decisión crucial, y cuáles nunca involucraría sin importar por qué. ¿Es el éxito profesional más importante que tener una familia? ¿Renunciaría a tener hijos para ser una persona famosa? ¿Preferiría tener dinero en el banco o viajar por el mundo?

Hace poco Dianne consiguió un ascenso en el trabajo, pero esto significa mudarse a otra ciudad, lejos de donde viven sus padres y hermanas. ¿Cómo decidir qué hacer? No es una decisión fácil de tomar. Ella aprecia su familia, la carrera y la aventura de ir a otros lugares. Si la familia es su valor más importante, probablemente seguirá en su actual trabajo. Si la carrera y la aventura tienen la misma importancia, podría aceptar el nuevo empleo.

¿Si se encuentra en una situación similar, qué escogería?

Paso tres: escoja seis a ocho valores más importantes. Estos son sus valores "principales", las prioridades en su vida. Serán la base para sus decisiones cada día.

Paso cuatro: ahora escriba lo que cada uno de sus valores principales significa para usted, esto es, las acciones que resultarían al tenerlo. Un valor debe traducirse en acciones claramente identificables. Por ejemplo, si el "respeto por los demás" es uno de sus valores, entonces podría generarse la acción de ser cortés con las personas todo el tiempo. Podemos tener un valor, pero no entender lo que realmente significa para nosotros. Aquí es cuando debemos hacernos preguntas y responderlas con honestidad. La seguridad económica puede ser un valor principal, pero esta seguridad significa cosas distintas para diferentes personas. Para alguien podría significar tener ahorros o un plan de pensión que lo respalde hasta la muerte. Para otra persona, la seguridad económica es poseer suficiente dinero para tener una vida opulenta. En algunos casos sería casarse con alguien acomodado financieramente. ¿Qué significa para usted?

Tal vez tenga la tendencia a evadir las verdaderas respuestas, en especial si piensa que parecen egoístas. A algunos les cuesta admitir que prefieren tener una familia y vivir cerca a sus padres, en lugar de hacer mucho dinero y ser famoso, y viceversa. No hay nada correcto o equivocado; sólo se trata de conocerse a sí mismo, entender quién es *usted*.

Por ejemplo, las acciones en las que se traduce el "pensamiento global" incluyen:

✦ Estudiar diferentes culturas

✦ Vivir en otro país

✦ Viajar todo lo posible

✦ Estar bien informado sobre sucesos mundiales

✦ Contribuir económicamente por el tercer mundo

Examinar los valores con regularidad

Ahora tiene una lista de sus principales valores en orden de importancia, y lo que cada uno significa para usted. Esta lista siempre será un trabajo en progreso, y debe ser revisada con regularidad para hacer un "chequeo de valores". Éstos pueden cambiar con el tiempo, al igual que las acciones en que se traducen para usted. Examínelos regularmente y continúe entendiéndolos mejor a lo largo de la vida. Póngase un reto con ellos. Pregúntese periódicamente si está viviendo de acuerdo a sus valores. Esto también lo guiará a un mayor autoconocimiento a través de su existencia.

Consejos de preparación

1. Use el método de cuatro pasos para identificar sus valores.

2. Cuando tenga que tomar decisiones importantes en su vida, considere siempre las opciones basadas en la elección que se ajusta mejor a su sistema de valores.

3. Conecte a sus valores los objetivos que tiene en la vida.

4. Use sus valores como la base para todo lo que haga.

5. Compare sus valores con los de otras personas que conoce.

6. Encuentre y relaciónese con personas que comparten sus valores.

7. Examine sus valores con regularidad y haga las modificaciones cuando sea necesario.

Resumen

Los valores son las creencias más importantes para nosotros —dirigen la forma en que vivimos y son la base para nuestras elecciones cada día—. Determinan cómo elegimos vivir y las direcciones que tomamos en la vida. También son el componente principal de lo que somos como personas. Si no conoce sus valores, está ignorando el ingrediente clave que necesita para entender quién es usted y las prioridades que rigen su vida. Todos tenemos muchos valores, como la carrera, la familia, la educación o la comunidad. La idea es saber cuáles son sus principales valores, dónde los ubica según su importancia, y en qué acciones se traducen. Un método de cuatro pasos puede ayudarlo a identificar sus valores: elabore una lista de valores; lístelos relacionándolos entre sí; identifique los seis a ocho más importantes; y luego escriba las acciones que cada uno implica para usted. Los valores pueden cambiar a lo largo de toda la vida, y deben ser continuamente examinados y mejorados.

LISTA DE AUTOEVALUACIÓN

1 = Nunca   **2** = Rara vez   **3** = A veces
4 = Con frecuencia   **5** = Siempre

	Puntuación
Conozco mis valores	
Puedo expresar mis valores claramente a los demás	
Practico mis valores	
Examino mis valores con regularidad	
Sé en qué acciones se traducen mis valores	
Respeto los valores de otras personas, aún si no los comparto	
Conozco los valores de personas cercanas a mí	
Puntuación total / 35	

PLAN DE ACCIÓN

Clasifique los siguientes valores según la puntuación mostrada.

1 = No importante en lo absoluto   **2** = No muy importante   **3** = Ni importante ni poco importante   **4** = Importante   **5** = Muy importante

Liste las acciones que generan sus valores principales (seis a ocho), esto es, lo que significan para usted.

Valor	Puntuación
Éxito	
Aventura	
Carrera	
Comunidad	
Competencia	

Valor	Puntuación
Pensamiento crítico	
Disciplina	
Educación	
Igualdad	
Justicia	
Fama	
Familia	
Amistades	
Pensamiento global	
Salud	
Honestidad	
Independencia	
Aprendizaje	
Bienes materiales	
Dinero	
Respeto	
Romance	
Seguridad	
Sexo	
Soledad	

Valor	Puntuación
Responsabilidad social	
Estatus social	
Espiritualidad	
Viajar	
Otro	

Valor: _____

Acciones

1. _____
2. _____
3. _____
4. _____
5. _____

Valor: _____

Acciones

1. _____
2. _____
3. _____
4. _____
5. _____

Valor: _____

Acciones

1. _____
2. _____
3. _____
4. _____
5. _____

Valor: _____

Acciones

1. _____
2. _____
3. _____
4. _____
5. _____

Valor: _____

Acciones

1. _____
2. _____
3. _____
4. _____
5. _____

Valor: _____

Acciones

1. _____
2. _____
3. _____
4. _____
5. _____

Valor: _____

Acciones

1. _____

2. _____

3. _____

4. _____

5. _____

Valor: _____

Acciones

1. _____

2. _____

3. _____

4. _____

5. _____

Lecturas adicionales

Reiss, Steven. *Who Am I?* Tarcher/Putnam Books, 2000.

Smith, Hyrum W. *What Matters Most.* Simon & Schuster, 2000.

Estrategia 2

Saber cuál es su dirección

Su visión será más clara sólo cuando mire a su corazón. Quien mira afuera, sueña; quien mira su interior, despierta.

CARL JUNG

Saber cuál es su dirección significa:

Saber cuál es su prioridad en cualquier momento de la vida.

Haber escrito objetivos para el año y la vida.

Tener planes para alcanzar objetivos.

Tener un enfoque claro cada día.

No significa:

Tener todas las respuestas en la vida.

Saber exactamente a dónde va.

Tener una gran visión de su vida.

Hágase estas preguntas:

¿Sé cuál es mi principal objetivo en esta época de mi vida?

¿Tengo metas para este año?

¿Tengo objetivos para mi vida?

¿Tengo un enfoque claro cada día?

Saber cuál es su dirección

La segunda estrategia del plan es saber cuál es su principal dirección en cualquier momento de la vida. Esto significa saber hacia dónde va cada día y qué trata de alcanzar. Muchas personas no pueden identificar lo que desean lograr en la vida. Como resultado, van a la deriva sin un propósito claro, y a menudo permiten que otros dirijan su camino. Si sabe cuál es su dirección, podrá progresar continuamente en su vida y avanzar hacia las metas que son significativas para usted. Una clara dirección en su vida brinda la motivación para cada día, lo cual genera más energía y la sensación de ser útil y productivo. También le asegura que está viviendo "conscientemente", consciente de dónde se encuentra ahora y a dónde quiere llegar en el futuro.

Los beneficios de saber cuál es su dirección son:

+ Encontrará significado y motivación
+ Tendrá objetivos para su vida

> Jason no ha pensado mucho acerca de su dirección y no se ha fijado metas. Con frecuencia cambia su enfoque y no se compromete con sí mismo. Todos los días sale a trabajar sin pensar en lo que desea lograr en la vida. No siente que controla su existencia ni sabe que dirección está llevando.
>
> Pero Adrienne siempre sabe cuál es su dirección —tiene objetivos para su vida y fija metas cada año—. Cada 31 de diciembre, revisa el año que terminó, analiza si sus objetivos en la vida deben

ser modificados, y fija metas para el año siguiente. Al despertar cada día, sabe lo que quiere hacer y sigue su vida llena de motivación. Siente que controla su existencia y avanza a todo momento.

La dirección principal es el objetivo más importante

Es importante saber cuál es su dirección principal a todo momento. Esta dirección es el objetivo más importante que está tratando de alcanzar, al cual le dedica más tiempo y energía. No tiene que ser un gran propósito para la vida. Puede tratarse de una meta a corto plazo. No confunda "propósito en la vida" con "dirección en el momento". El término "propósito en la vida" sugiere una visión mayor para su existencia, pero es posible que pase años buscando y tal vez esperando un propósito que nunca encuentra. Algunos sí identifican un propósito en la vida tal como trabajar en el tercer mundo, ayudar a los desamparados o escribir un guión ganador del premio Oscar. No se preocupe si no ha definido un gran propósito para su existencia.

"Dirección en el momento" es un concepto más cambiante que el propósito en la vida, ya que la dirección puede variar con frecuencia. Puede ser un objetivo de muy corto plazo, como conseguir un ascenso la semana siguiente, o uno a largo plazo, tal como ahorrar dinero para el viaje soñado. Cambiará a menudo a lo largo de la vida. Lo importante es que usted sepa cuál es el objetivo principal por el cual está trabajando en cualquier momento. No se preocupe si tampoco ha definido todos los detalles; el plan se hará claro con el tiempo. Sólo sea consciente de a dónde va cada día y cada semana, y no se empantane en los detalles.

> Hay personas que quieren estar en todas partes a la vez y no llegan a ningún lugar.
> ⌐ *Carl Sandburg*

El esfuerzo por los objetivos desarrolla capacidades vitales

Los objetivos no son sólo un fin al que se ha de llegar. El proceso de fijarlos y trabajar para alcanzarlos tiene otros grandes beneficios. Esforzarse por alcanzar las metas es uno de los mejores medios de desarrollo personal que tenemos. Los objetivos ayudan a desarrollar la autodisciplina, una firme ética de trabajo y, cuando son alcanzados, mayor confianza en sí mismo. Este proceso también nos enseña a enfocarnos en lo que queremos y planear las cosas con una base a largo plazo. Incluso lograr un objetivo pequeño puede tener un efecto notable sobre la confianza en el individuo. Cuando fijamos una meta, trabajamos por ella y finalmente la alcanzamos, la fe en la capacidad que tenemos para controlar nuestra vida puede aumentar dramáticamente. Esto muestra que hay control sobre un aspecto de la vida, y por lo general esto desencadena más objetivos y logros.

Las artes marciales son un buen ejemplo de aumentar la confianza en sí mismo al alcanzar una meta. Usualmente toma de tres a seis años obtener un cinturón negro en un arte marcial, más tiempo del requerido para recibir un título universitario. Inicialmente, cuando las personas ingresan a una institución de artes marciales, hay una sensación abrumadora por el tiempo que toma avanzar de un nivel a otro. El nivel de aquellos que han logrado llegar a estos niveles de cinturón negro parece ser inalcanzable. Sin embargo, cuando se logra avanzar a un nivel superior, sucede algo asombroso. La confianza en sí mismo aumenta y la actitud es mucho más optimista frente a la idea de cosechar nuevos logros. El cambio es notable. Incluso un triunfo menor puede cambiar a alguien significativamente, y brinda la motivación para enfrentar retos más difíciles.

> La principal razón para fijar una meta es lo que origina en el individuo para alcanzarla. Lo que surge de nosotros siempre tendrá un valor mucho mayor que la meta alcanzada.
> *— Jim Rohn*

Para seguir una dirección, necesita enfocarse

Muchas personas se frenan tratando de decidir cuál debe ser su dirección. Escogen una, pero luego la cambian para seguir otra, y luego otra. Como resultado, no se ven los progresos. Para estas personas, el reto es tomar una decisión que les satisfaga y permanecer enfocados en ella. En este caso, es útil pensar a corto plazo, como la dirección a seguir sólo para el mes venidero.

Otros pueden encontrar que aunque saben cuál dirección desean, tienen dificultad para seguirla. Tampoco pueden enfocarse con claridad en el objetivo o son fácilmente desviados de él. Lo difícil es lograr la disciplina para permanecer enfocado (vea la estrategia 4) en el objetivo, a pesar del poco progreso o continuos contratiempos. En este caso, debe recordar a dónde ir y concentrarse en dar pasos cortos hacia dicha meta. Para hacer esto, necesita enfocarse en su objetivo claramente y tener una buena disciplina personal para seguir esa dirección.

> Sólo a través del trabajo y el esfuerzo penoso, con energía intensa y firme coraje, avanzamos hacia cosas mejores.
> — *Theodore Roosevelt*

Un libro en progreso

Cada uno de nosotros está escribiendo una autobiografía o historia de la vida. Es un trabajo en constante progreso. Cada día escribimos otra página, y cada año un nuevo capítulo. El reto es escribir (esto es, *vivir*) un libro del que nos sintamos orgullosos. Esto significa que usted debe escribir una historia que al final pueda recordar y sentirse feliz. No importa si su libro es un best-seller o si otros lo envidian, siempre que se sienta satisfecho de lo que contiene —las direcciones que tomó a lo largo de su vida—. No espere escribir un libro perfecto donde todo sale a su medida, ya que la vida no es así. La mayoría de nosotros tendrá capítulos que no nos agradan. Lo que importa es estar satisfecho con el producto final, y no tratar de reescribirlo en los últimos años de su vida, o deseando tener la oportunidad de hacerlo una vez más. Estar preparado para la vida le ayudará a tener el camino de su elección.

> El ser no es algo ya establecido, sino algo en continua formación por medio de la elección de acciones.
> — *John Dewey*

Su propia definición de éxito y felicidad

La definición de "éxito" puede variar de persona a persona. Al igual que la belleza, está en los ojos de quien lo contempla. El éxito de una persona es el fracaso de otra. Cada individuo necesita establecer su definición personal de éxito. Luego podemos hacer lo que esté a nuestro alcance para lograrlo. Una definición común es el progreso profesional y la seguridad económica. Para otros puede ser amor de la familia y amigos. Para un atleta puede significar ganar una medalla olímpica.

Es difícil identificar el verdadero significado del éxito en nuestra vida, ya que quienes nos rodean pueden influenciarnos demasiado y tratar de dictar lo que debería ser nuestro éxito. La familia, amigos y colegas suelen tratar de imponernos su definición de éxito, incluso sin hacerlo a conciencia. La mayor influencia al definir este concepto, y por consiguiente nuestra dirección, por lo general proviene de la familia, en especial de los padres, quienes pueden ejercer mucha presión en los hijos para que tomen un determinado rumbo. Esto puede originar una mala elección de carrera, matrimonios en el tiempo equivocado, o hacer otras elecciones importantes que terminan siendo lamentadas. La presión parental puede hacer que alguien se case y tenga hijos a muy corta edad, cuando lo que en realidad se desea es seguir una carrera y viajar. Cuando no nos ajustamos a los deseos familiares, la presión de ésta puede hacernos sentir incapaces o fracasados. El hijo que deja su hogar para seguir una carrera diferente en lugar de entrar al negocio de la familia, puede ser criticado o tal vez lo hacen sentir culpable. Por supuesto, en ocasiones debemos escuchar consejos de la gente y tenerlos en cuenta. Pero no viva el sueño de la familia o alguien más. Si lo hace, es probable que mire hacia atrás arrepentido, y desee haber tenido la oportunidad de devolver el tiempo para hacer otras elecciones.

> Andrew siempre fue un buen hijo e hizo lo que pudo para complacer a sus padres, quienes lo animaron a seguir la carrera de leyes para continuar en la empresa de la familia. Luego de diez años de ser abogado, Andrew descubrió que era infeliz. Odiaba su trabajo y vivir en su ciudad natal, y quería tener experiencias en otros lugares. Sentía que estaba desperdiciando su vida. Lo que en realidad deseaba era vivir en Nueva York y ser un autor.

Andrew necesita perseguir su sueño, o entender y aceptar la elección que ha hecho. ¿Quién influencia su dirección?

> **No deje que otras personas le digan lo que usted quiere.**
> — *Pat Riley*

Objetivos específicos y escritos

La principal diferencia entre un objetivo y un sueño, es que el primero se pone por escrito. Escribir las metas crea una sensación de seriedad y ayuda a enfocarse en alcanzarlas. Usted debe identificar sus objetivos con claridad, tener un marco de tiempo y un plan para lograrlos, y luego trabajar constantemente para que todo salga bien. Sus metas no tienen que ser grandiosas o complejas —no todo el mundo quiere viajar al espacio, ser líder de un país o ganar una medalla olímpica—. Sus objetivos personales pueden incluir una carrera que lo satisfaga, un ingreso razonable, una familia y contribuir con su comunidad.

Asegúrese de que sus objetivos sean específicos y mensurables. Es difícil enfocarse en un objetivo impreciso, o saber cuándo se ha alcanzado. Si una de sus metas en salud es aumentar su fuerza, entonces debe saber cómo la medirá, por ejemplo, la cantidad de peso que puede levantar o el número de repeticiones en un ejercicio con pesas.

Los objetivos también deben tener un marco de tiempo fijado para lograrlos. Sin embargo, piense bien antes de escoger una fecha límite. Hay dos errores que las personas cometen con frecuencia. El primero es que no se dan suficiente tiempo para alcanzar la meta, y terminan renunciando frustrados. El segundo es que pueden darse demasiado tiempo. Sin sentido de urgencia para ponerse en marcha y hacer el trabajo, continuamente aplazan las cosas. Con el tiempo, el objetivo puede ser olvidado o ignorado por completo.

> **Dame un vendedor con metas y te daré un hombre que hará historia. Dame un hombre sin metas y te daré un vendedor.**
> ⌐ *J. C. (James Cash) Penney*

Lograr los objetivos paso a paso

Pero, por desgracia, no siempre se sigue una línea recta desde el momento de fijar una meta hasta finalmente alcanzarla. El progreso puede a veces ser penoso y desalentadoramente lento. Lo más probable es que usted sea afectado por circunstancias imprevistas durante el proceso. La clave es que siempre esté luchando por su objetivo, sin importar qué tan lento parezca el progreso.

Lograr un objetivo es similar a viajar de un lugar a otro. Hay un espacio entre el sitio en que nos encontramos en este instante y el lugar a donde queremos llegar. De algún modo, debemos cruzar este espacio y viajar a nuestro destino. A veces, podremos acortar la distancia, pero en otras ocasiones quedaremos estancados. No deje que esto lo desanime. Acéptelo como parte del proceso para lograr lo anhelado. Debe tener la misma actitud del jugador de fútbol cuando intenta cruzar el campo de juego para anotar. Baje la cabeza, dé pasos cortos y siga avanzando. Con el tiempo, siempre que continúe su esfuerzo, cruzará la meta y llegará a su destino.

> **El secreto de avanzar es comenzar. El secreto de comenzar es dividir las tareas complejas y abrumadoras en tareas manejables, y luego empezar con la primera.**
> ⌐ *Mark Twain*

Alinear objetivos con valores

Los objetivos deben ajustarse a nuestro sistema de valores. Si lo hacen, sabemos que son apropiados. Si la salud es uno de sus principales valores, tendrá metas que se ajustan a esta categoría. Pueden incluir mantener un determinado peso corporal, correr una maratón o comer alimentos saludables. Si las metas no corresponden a sus valores, algo está mal. Debe evaluar de nuevo sus valores o los objetivos.

Debe tener objetivos específicos para cada uno de sus valores principales. Si viajar es un valor importante, habrá muchos lugares que desea visitar. Si no tiene interés alguno en explorar nuevos sitios, tal vez viajar no es importante para usted. Algunas personas dicen que viajar es una prioridad, pero cuando tienen que gastar tiempo y dinero para hacerlo, ya no lo es. La clave aquí es asegurar que las metas sean bien claras y "apropiadas" para usted. No copie las metas de otra persona. Trate de no perder el tiempo esforzándose por lograr un objetivo que en realidad no es parte de su sistema de valores.

Logros hasta la fecha, objetivos en la vida y metas anuales

Hay tres listas importantes que lo ayudarán a enfocarse en la dirección de su vida y a ver su pasado y futuro con mayor claridad. Tener listas escritas también le permitirá revisarlas con frecuencia. Esto conduce a un mayor autoentendimiento. Sugiero que use un cuaderno de tres anillos para guardar las listas y abra un archivo de ellas en el computador para actualizarlas fácilmente.

Las tres listas son:

1. Logros hasta la fecha

2. Objetivos en la vida

3. Metas anuales

Dividir objetivos y logros en categorías

Al considerar logros y objetivos, es conveniente dividirlos en categorías. Esto le ayudará a desarrollarlos y servirá como un "chequeo de equilibrio" en su vida; esto es, si los objetivos se inclinan hacia una sola dirección como el trabajo. El siguiente es un ejemplo:

+ Carrera

+ Familia

+ Viajar

+ Educación

+ Salud

+ Estudio/Aprendizaje

+ Otro

La mayoría de sus objetivos y logros harán parte de estas categorías. Use la categoría de "otro" para lo que no esté incluido. La diferencia entre educación y estudio/aprendizaje es que el primer término se refiere a la enseñanza formal, tal como la universidad, mientras estudio/aprendizaje se aplica a instrucciones adicionales para lograr otros objetivos como aprender sobre astronomía, cómo mantener un jardín, o la preparación necesaria para conducir una motocicleta.

Logros hasta la fecha

La primera lista a elaborar es la de todos los logros alcanzados hasta el momento en la vida. Es fácil olvidar o minimizar lo que hemos hecho en el pasado. Todos tenemos logros en la vida, pero tendemos a olvidar su significado. Reconocer lo que hemos logrado en nuestra vida es un factor importante para entender lo que somos. Nos recuerda de dónde venimos y las experiencias vividas. El pasado también sirve como un punto de referencia para el futuro, recordándonos lo que deseamos pero aún no hemos logrado.

Haga una lista de cada logro en su vida hasta la fecha. Incluya lo que es "importante" para usted; cualquier logro del cual se sienta orgulloso, o los actos que considere valiosos —graduarse de la secundaria, ofrecerse de voluntario cada Navidad, o ser buen hijo—. Es su lista, así que no se preocupe si otros cuestionan lo que usted considera importante. Los logros en la vida, al igual que el éxito y la belleza, están en la apreciación del individuo.

Por ejemplo:

Categoría	Logro	Cuándo
Familia	Buena relación con los padres y hermanos	Permanente
Carrera	Trabajé en las vacaciones en restaurantes y almacenes	1997–presente
Viajar	Fui de excursión a las Montañas Rocosas	1999
Educación	Me gradué de la secundaria	2000
Estudio	Curso de excursionista	1998
Salud	Jugué voleibol universitario	1999–2000
Otro	Voluntario de la Cruz Roja	1998–presente

Objetivos en la vida

La segunda lista a hacer es la de sus objetivos en la vida —lo que desearía hacer en el curso de su existencia—. Esta lista debe originarse de una sesión de inspiración personal, y puede ser larga. No omita nada. Liste todo lo que surja en su mente, sin importar qué tan disparatado o extremo pueda parecer. Todo logro empieza con una idea en la mente de alguien. Su lista podría incluir un viaje espacial, ser un líder nacional o encontrar una cura para el cáncer. Lo que le parece exagerado ahora podría ser realidad en veinte años. Puede ser útil mirar hacia atrás y recordar los objetivos que tenía cuando era adolescente. ¿Cuál era la perspectiva de su vida cuando tenía dieciocho años de edad? Haga una lista de todos los objetivos de su vida, lo que desearía hacer durante su paso por este planeta.

Por ejemplo:

Categoría	Objetivo
Familia	Casarme y tener hijos; vivir cerca a mis padres
Carrera	Ganar US$100.000 al año al cumplir cuarenta años
Viajar	Visitar veinte países
Educación	Obtener un grado en leyes
Estudio	Aprender idiomas: francés, español, ruso
Salud	Terminar una maratón
Otro	Donar el 5% de mis ingresos a una sociedad benéfica

Es difícil decir qué es imposible, porque el sueño de ayer es la esperanza de hoy y la realidad de mañana.

⌐ Robert H. Goddard

Metas anuales

La tercera lista es la de sus metas para el año venidero. Esta lista no es tan abierta como los objetivos de su vida, pues ahora tiene un marco de tiempo limitado. Pueden ser metas de su lista de objetivos en la vida, pasos hacia uno de ellos, o una pequeña meta que desea alcanzar este año. No se preocupe si está inseguro de algunos de los objetivos o cómo va a lograrlos. Los eventos a lo largo del año a veces cambian la importancia de un objetivo rápidamente. El viaje que había planeado tal vez ya no sea realista si lo trasladan a trabajar a otra ciudad o si un miembro de la familia está enfermo. La intención de correr una maratón puede verse truncada si tiene una lesión durante el entrenamiento. La lista debe ser revisada y reevaluada cada mes para ver el progreso y hacer modificaciones. Tiene que ser seria, no tomada a la ligera, y de la cual pueda responsabilizarse continuamente. Trate de no listar metas de forma fortuita; piense en cada una con cuidado, y tenga la seguridad de que hará todo el esfuerzo posible para alcanzarla.

Por ejemplo:

Categoría	Objetivo
Familia	Pasar la Navidad con mi familia
Carrera	Conseguir un ascenso
Viajar	Visitar Europa
Educación	Empezar una carrera por etapas
Estudio	Hacer un curso de oratoria
Salud	Perder cinco libras
Otro	Aprender a cocinar; ser voluntario dos horas por semana

La mayor recompensa por el trabajo duro de una persona no es lo que consigue, sino lo que llega a ser por ello.
— *John Ruskin*

El objetivo más importante de su lista

Ahora identifique la meta más importante de su lista este año. Esta meta es su "dirección principal" para el año. Puede ser un objetivo pequeño como perder cinco libras de peso o encontrar un nuevo apartamento, o una gran meta como terminar la carrera. Pregúntese a sí mismo cuál sería el logro más significativo el año venidero, aquel que, si se da, lo haría sentir que tuvo un año muy exitoso. Una vez que lo haya identificado, tendrá una clara dirección para el año. Sabrá dónde enfocar la mayor parte de su energía. De nuevo, tenga en cuenta que lo importante no necesariamente es el objetivo mismo, sino lo que el proceso significa para usted.

Siga seguro de sí mismo en la dirección de sus sueños. Viva la vida que ha imaginado.
— *Henry David Thoreau*

Revisar los logros y objetivos con regularidad

Las tres listas que ha creado serán un plan para sus actividades cotidianas, pero deben ser revisadas a menudo y de vez en cuando actualizadas. Es apropiado examinarlas cada mes y ver su progreso. Cuando logre una meta anual que también está en su lista de objetivos en la vida, márquela como terminada. Al final del año, haga una evaluación y un registro final de sus objetivos. Marque los logrados, no logrados o parcialmente logrados. Puede incluir comentarios sobre cada uno. También podría darse una calificación, tal como A, B, C, D o F, y escribir los otros logros del año que considere importantes.

Tal vez quiera a veces cambiar sus objetivos. No hay nada malo al respecto, pero tenga cuidado antes de rechazar un objetivo con rapidez. Asegúrese de que en realidad quiere deshacerse de él, en lugar de estar frustrado por la falta de progreso. Es tentador cambiar de parecer acerca de un objetivo u olvidar por qué era una meta en principio, especialmente cuando se tienen dificultades para alcanzarla.

Las listas deben ser revisadas cada vez que tenga dudas sobre su dirección o los pasos que está dando hacia ella. La falta de progreso puede llevarlo a la frustración y a dudar de sus capacidades. Examinar las listas le ayudará a reenfocarse en lo que es importante para usted y la meta a donde desea llegar; lo mantendrá en la dirección correcta, especialmente en momentos de incertidumbre.

Llevar un registro de la vida

Un registro final que debería llevar es una carpeta o un cuaderno de notas que contenga la información y detalles de lo que ha hecho hasta el presente. Esta será su historia personal e incluirá su diploma de secundaria, recortes de periódico con su nombre en ellos, descripciones de cargos laborales que ha tenido y cartas de felicitación. Este cuaderno es la autobiografía de su vida. Será un trabajo en progreso que continuamente debe ser actualizado a través de los años. Usted elige el formato, pero funciona un cuaderno grande (tal vez más de uno) con hojas de celofán para preservar los documentos. Como en el caso de sus tres listas, es bueno revisar el álbum de recortes periódicamente. Puede ser una fuente de satisfacción con el pasado y de motivación para el futuro. Ver la vida que ha tenido hasta ahora le recordará de dónde viene y le ayudará a conocerse más. Tal vez algún día convierta esto en un libro publicado.

Consejos de preparación

1. Abra un archivo en el computador que contenga su dirección, logros hasta la fecha y objetivos.

2. Escriba objetivos específicos y mensurables.

3. Cada día pregúntese a sí mismo si ha hecho algo para acercarse a una de sus metas.

4. Revise sus objetivos regularmente, en especial cuando esté indeciso acerca de su vida.

5. Divida objetivos grandes en metas más pequeñas.

6. Mantenga un tiempo limitado en sus objetivos.

7. Asegúrese de que los objetivos correspondan a sus valores.

Resumen

Saber cuál es nuestra dirección significa que seguimos un propósito principal en cualquier época de la vida. Puede ser un objetivo importante a largo plazo o una meta corta. La clave es saber cuál es la prioridad en el momento y luego aferrarse a ella, fijando los objetivos y trabajando por alcanzarlos. Las metas no sólo le ayudarán a enfocarse en la dirección apropiada, el proceso también desarrolla la autodisciplina y una firme ética de trabajo. A medida que alcanza sus metas, aumenta la confianza en sí mismo.

Las metas también le ayudarán a enfocarse en propósitos específicos, hacer planes a largo plazo y desarrollar la paciencia. Debe mantener tres listas que serán de ayuda al planear y lograr objetivos: logros hasta la fecha, objetivos en la vida y metas anuales. También es bueno que tenga una carpeta o álbum de recortes personal de su vida. Las listas y el álbum deben ser revisados con regularidad, ya que darán una continua motivación para trabajar por los objetivos. También lo ayudarán a seguir su dirección en tiempos de incertidumbre, y a desarrollar autoconocimiento.

LISTA DE AUTOEVALUACIÓN

1 = Nunca 2 = Rara vez 3 = A veces 4 = Con frecuencia 5 = Siempre	Puntuación
Sé cuál es mi dirección en este momento	
Fijo metas anuales	
Tengo objetivos en la vida	
Reviso mis objetivos con regularidad	
Llevo un registro de mis logros en la vida	
Tengo registros de mi vida hasta la fecha	
Al final de cada año evalúo mis objetivos	
Puntuación total / 35	

PLAN DE ACCIÓN

Dirección principal este año: _____

Logros hasta la fecha

Categoría	Logro	Cuándo

Objetivos en la vida

Categoría	Logro	Cuándo

Metas anuales

Categoría	Logro	Cuándo

PLAN DE TRABAJO

Semana: _____

Categoría   *Acción*

Trabajo

  1. _____

  2. _____

  3. _____

Familia / Relaciones

  1. _____

  2. _____

  3. _____

Educación

  1. _____

  2. _____

  3. _____

Salud

  1. _____

  2. _____

  3. _____

Estudio / Aprendizaje

  1. _____

  2. _____

  3. _____

Otro

  1. _____

  2. _____

  3. _____

LECTURAS ADICIONALES

Albion, Mark. *Making a Life, Making a Living.* Warner Books, 2000.

Bolles, Richard Nelson. *What Color is Your Parachute? 2003 Edición.* Ten Speed Press, 2003.

Bronson, Po. *What Should I Do With My Life?* Random House, 2002.

Ditzler, Jinny S. *Your Best Year Yet.* Warner Books, Inc., 1994.

Sher, Barbara. *I Could Do Anything If I Only Knew What It Was.* Dell Publishing, 1994.

Estrategia
3

Ser un pensador crítico e independiente

Un "no" dicho con la más profunda convicción es mejor que un "sí" dicho sólo para agradar o, lo que es peor, para evitar problemas.

MAHATMA GANDHI

Ser un pensador crítico e independiente significa:

Tomar sus propias decisiones.

No ser indebidamente influenciado por otras personas.

Llegar a sus propias conclusiones y creencias.

Respetar con firmeza sus creencias.

Analizar situaciones desde todas las perspectivas.

Aceptar que puede estar equivocado.

No significa:

Pensar sólo en sí mismo.

No escuchar a los demás.

No ser interdependiente con los demás.

No aprender de otras personas.

Hágase estas preguntas:

¿Tomo mis propias decisiones?

¿Los demás me influencian fácilmente?

¿Estoy de acuerdo con los demás aún en contra de mis instintos?

¿Veo las cosas desde todas las perspectivas?

¿Cuando estoy equivocado, lo reconozco?

¿Respeto y tengo en cuenta las opiniones de otras personas?

¿Mis acciones contradicen mis creencias?

¿Llevo una vida consciente?

Pensar de manera crítica e independiente

La tercera estrategia del plan es ser un pensador crítico e independiente, es decir, poder pensar por sí mismo y llegar a sus propias conclusiones. También significa mantener sus puntos de vista, sin importar las consecuencias y el riesgo de ser excluido del grupo.

El pensamiento crítico es la capacidad de ver la información analíticamente y tomar decisiones objetivamente. Un pensador crítico puede analizar la información, ver todos los ángulos de una situación, evaluar toda la evidencia y llegar a una conclusión informada. Es posible ser un pensador independiente, pero un mal pensador crítico. Es posible pensar por sí mismo pero no ser capaz de cuestionar bien su pensamiento o ver otros puntos de vista imparcial y objetivamente. El reto es tener *ambas* capacidades.

Los beneficios de ser un pensador crítico e independiente son:

+ Hacer frente a la influencia de otras personas
+ Vivir de acuerdo a sus creencias
+ Tomar sus propias decisiones en la vida
+ Aprovechar oportunidades y experiencias
+ Tener una vida totalmente consciente
+ Verse a sí mismo y al mundo con objetividad

Adam es fácilmente influenciado por otras personas. Estando con un grupo una noche, sus amigos critican a la policía por ser insensible a las necesidades de la comunidad. Adam, quien a pesar de haber tenido sólo experiencias positivas con la policía, termina aceptando la opinión del grupo sin ninguna objeción.

Stephanie también escucha la crítica y, al igual que Adam, todas sus experiencias han sido positivas. Expresa la opinión que, aunque entiende la preocupación de los otros miembros del grupo, personalmente no ha tenido una sola experiencia negativa con la policía y no comparte las opiniones del grupo.

Adam no es un buen pensador crítico e independiente; Stephanie sí lo es.

La influencia de otras personas

El pensamiento independiente tiene sus detractores. En la sociedad actual somos constantemente presionados a unirnos a la mayoría y estar de acuerdo con el "enfoque del grupo". Algunos consideran que pensar en forma independiente es ser egocéntrico o ignorar las necesidades de los demás. Cuando vamos en contra de la mayoría, nos arriesgamos a ser acusados de no "jugar en equipo", o de no preocuparnos por las necesidades colectivas. Esto es incorrecto. El pensamiento independiente no significa ignorar las necesidades ajenas o no poder trabajar en equipo. Se trata de no ser arrastrado por las opiniones de otras personas.

A veces es tentador pensar y hacer cosas sólo porque otros lo hacen. Esta presión puede hacer que un individuo tome parte en actividades de grupo que por lo general nunca haría solo. Los adolescentes son en especial vulnerables a la influencia de amistades y compañeros de clase. Esto puede oscilar entre bromear en grupo, hasta el uso de drogas o incluso actividad criminal.

Sheldon es un estudiante de post-grado. Un día, después de su examen final, sale a tomar café con un grupo de compañeros. Los estudiantes empiezan a criticar el programa de post-grado y la universidad. Se burlan de muchos de los profesores. La experiencia de Sheldon con el programa ha sido positiva; ella disfrutó del programa, aprecia a sus profesores y tiene poco que criticarle a la universidad. Pero también teme que si habla al respecto se enajenará del grupo. En lugar de comentar su experiencia, termina riéndose con los otros y no contradice nada. Incluso se pregunta si sus compañeros tienen la razón y su propio juicio está equivocado.

Puede ser difícil ir en contra del grupo, en especial cuando usted sabe que estará solo; pero es una opción mucho mejor que ir en contra de sí mismo.

> Fui criada para percibir lo que alguien quería que fuera y ser esa clase de persona. Me tomó mucho tiempo no juzgarme a través de los ojos de alguien más.
> ⌐ *Sally Field*

Hacer lo que se dice

En un mundo que continuamente nos presiona a adaptarnos, puede ser difícil vivir conforme a las cosas en que en realidad creemos. Somos tentados a escoger los momentos en que nos aferramos a nuestras creencias, y a ser "pensadores selectivos". Esto se refiere a quien es inconsecuente en cuanto a sus creencias. Un pensador independiente sigue sus convicciones y "hace lo que dice", sus acciones son coherentes con las creencias que tiene.

Algunos encuentran mucho más fácil hablar de principios que ponerlos en práctica. Los políticos son acusados por tal motivo cuando no cumplen una promesa hecha durante la campaña, lo cual afecta su credibilidad y puede conducir a una derrota en las siguientes elecciones. Algunas personas dicen que se horrorizan por las circunstancias de quienes viven en la pobreza o no tienen hogar, especialmente durante los días festivos. Sin embargo, a pesar de la retórica, ¿cuántas personas hacen donaciones o sirven de voluntarios? Hay quienes abogan por una sociedad sin clases, pero también tratan con irrespeto a un mesero o a un vendedor.

> Jason le dice a todo el mundo que desea la igualdad de sexos. Siempre expresa sus creencias en el trabajo y al socializar con amigos. Se muestra como un hombre moderno y políticamente correcto. Sin embargo, no es coherente con lo que dice. No trata a su esposa con verdadera igualdad. Insiste en conducir cada vez que salen, y al hacer planes sociales debe tener la última palabra.

A pesar de su retórica, Jason es un mal ejemplo en cuanto a la igualdad. No practica lo que dice y como resultado pierde su credibilidad en este asunto. Si creemos en algo, debemos actuar de acuerdo a ello; es necesario arraigar esta idea.

> Es una bendición que en cada edad alguien haya tenido la individualidad y el coraje suficientes para aferrarse a sus propias convicciones.
>
> ⏤ *Robert G. Ingersoll*

Otros deciden por usted

La toma de decisiones de un individuo está influenciada en parte por los demás. Las personas más cercanas a nosotros —familia, amigos y colegas— usualmente nos ejercen la mayor influencia. Pueden presionarnos en contra de nuestros verdaderos deseos. Por desgracia, esta presión puede hacer difícil que tengamos control en nuestras decisiones diarias. Incluso una presión sutil puede ser suficiente para desviarnos de nuestro camino deseado. Parte de la influencia es natural. El problema es cuando permitimos ser influenciados continuamente y tomamos decisiones basadas en los sentimientos de otros, en lugar de usar nuestro propio juicio. Incluso puede que no nos demos cuenta de que esto está sucediendo.

El efecto que otras personas tienen sobre nosotros a veces es muy perjudicial. Los adolescentes cometen actos de autodestrucción y crueldad debido a la presión de sus amigos. Algunos continúan en una relación en la que no están felices, sólo por la presión de la pareja. Las elecciones de carrera pueden ser hechas debido a la presión de los padres, en lugar de basarse en lo que realmente quiere hacer la persona. Todos los días usted enfrenta la presión de quienes lo rodean y esto puede hacer que escoja el camino de menor resistencia. Tal vez termine siguiendo direcciones que no desea. ¿Ha conocido individuos que parecen siempre ir a donde otros quieren? Esta clase de persona observa en qué sentido sopla el viento. Tiene el cuidado de nunca estar en contra del grupo, y busca comodidad y seguridad ajustándose a los deseos ajenos. En ocasiones, es bueno tener una opinión diferente a la de la mayoría; el grupo no siempre tiene la razón.

> En reuniones del personal en el trabajo, Colin sólo da su opinión después que la mayoría de sus compañeros ha hablado. Él escucha cuidadosamente la discusión y luego sigue la tendencia del grupo. Siempre se asegura de no tener que defender una creencia en contra de los demás.

En lugar de tomar sus propias decisiones y aferrarse a ellas, Colin es fácilmente influenciado por sus colegas. No piensa en forma independiente.

> **No puedo darles la fórmula del éxito, pero sí la fórmula del fracaso: trate de complacer a todo el mundo.**
> — *Herbert B. Swope*

Experiencias y oportunidades perdidas

Aunque pocos lo reconocerían, hay individuos que viven con el deseo de tener el mínimo de controversia o problemas. Su valor principal es la "seguridad", pero ni siquiera lo saben. ¿Quién quiere admitir que "evitar los problemas" es uno de sus valores más importantes? Por desgracia, como resultado de la necesidad de certidumbre, puede tener una vida en la que se evitan los retos, las oportunidades son ignoradas y no se alcanza el máximo crecimiento personal. Si la seguridad y comodidad son valores principales, será muy susceptible a la influencia de otras personas. La mayor influencia sobre nuestras acciones será el deseo de mantenernos en paz con quienes nos rodean. Como resultado, actuamos continuamente en contra de nuestros verdaderos sentimientos.

Rubén era infeliz en su trabajo de contador en una gran empresa. A pesar de ser muy bueno en su oficio, no disfrutaba el ambiente laboral y no se sentía desafiado por su trabajo. El sueño de Rubén siempre ha sido formar su propia empresa. Pero tiene el problema de ser muy susceptible a la influencia de otras personas y trata de complacerlas a todas. Su esposa y padres creen que él tiene un empleo bueno y estable, con un sueldo razonable y un gran plan de pensión. No quieren que corra el riesgo de crear una empresa que fracase. Cada vez que Rubén toca el tema, rápidamente desvían la conversación, lo cual hace que una vez más renuncie a su sueño.

¿En qué punto ignoraría usted los deseos de su familia?

Sólo hay una vida para cada uno de nosotros: la nuestra.

— *Eurípides*

Tener una vida "consciente"

Para ser un pensador crítico e independiente, debemos tener una vida "consciente" —estando en contacto con nuestros sentimientos y deseos a todo momento—. En una vida consciente, no se crean falsas ilusiones acerca de algo, la realidad es enfrentada cada día. Las personas conscientes no temen expresar sus sentimientos porque saben que la felicidad está en sus manos. Si no quieren hacer algo, no se convencen a sí mismas que deben hacerlo sólo para estar de acuerdo con otros. Una persona "inconsciente" es fácilmente guiada por los demás, e incluso sin darse cuenta sigue los deseos de otros.

En la película *The Matrix*, las personas podían escoger entre dos píldoras. Una les daría una vida cómoda y segura. Pero ésta no era real, sino un sueño vivido en sus mentes. La otra píldora los hacía experimentar una vida real, pero allí el mundo no era un lugar agradable y la existencia estaba llena de problemas. La pregunta para nosotros es si queremos tener una vida consciente o inconsciente. ¿Cuál píldora tomaría usted?

Marcia y Allan están planeando unas vacaciones en La Florida. Allan quiere ir de excursión, pasear en barco y salir a restaurantes. No desea hacer las cosas típicamente turísticas en La Florida, que les gusta a la mayoría de personas, incluyendo a Marcia. Sin embargo, ella no expresará sus deseos con firmeza y hará lo que decida Allan. Como resultado, harán todo lo que él desea, pero no las cosas que ella en realidad anhela. Marcia no es consciente de tal injusticia, esto es, de realizar un viaje donde Allan cumple todos sus deseos, pero ella no puede hacer lo que quiere.

Marcia no piensa de manera independiente e incluso no es consciente de sus necesidades.

✦ ¿Suele crear la ilusión de pensar que todo está bien cuando no es así?

✦ ¿Siempre pone a otras personas delante de usted mismo?

✦ ¿Confronta sus sentimientos y deseos?

✦ ¿Tiene una vida consciente?

Si un hombre no sigue el ritmo de sus compañeros, tal vez es porque oye un ritmo diferente. Déjenlo guiarse por la música que él oye, ya sea rítmica o sin compás.

⌐ *Henry David Thoreau*

Responder a nuestra conciencia

Nuestro principal objetivo en la vida debería ser vivir de tal forma que podamos mirar hacia atrás y sentir que aprovechamos al máximo la existencia en la tierra y vivimos a nuestro modo. Una vida en la que constantemente se complace a los demás, puede al final tener el efecto desastroso de no complacernos a nosotros mismos. Usted debe tomar sus propias decisiones y responder a su conciencia. De otra manera, tendrá una vida falsa, basada en las influencias que lo rodean, en lugar de sus verdaderos deseos.

El reto es llevar una vida elegida conscientemente. Esto no quiere decir que a veces no deba complacer a otras personas, o que no haga cosas que no desea. Experimente la vida que visualiza, y no la que otros diseñan para usted, y no haga las cosas sólo porque los demás lo presionan. Si no desea casarse y tener hijos, no lo haga sólo porque su familia o amistades así lo desean. Si cree que no debería aceptar una oferta de trabajo, no la acepte sólo porque sus amigos piensan que es conveniente. Concéntrese en hacer lo que considere apropiado para usted.

Sea un pensador independiente y . . .

+ Tome sus propias decisiones y no siga a nadie sin una buena razón

+ Sea responsable de sus decisiones y acciones

+ Nunca culpe a otro ni saque excusas

+ Discúlpese cuando haga algo que no debió haber hecho

+ Confíe en su conciencia

Sobre todo: que tu propio ser sea verdadero.

⁓ *William Shakespeare*

Ver el otro lado

El pensamiento crítico va más allá del pensamiento independiente. Incluye la calidad del mismo. Ser un "pensador crítico" es tener la capacidad de analizar su pensamiento y honestamente considerar las perspectivas de otros antes de llegar a su propia conclusión. En su libro *The Thinkers Way*, el doctor John Chaffee define el pensamiento crítico como "comprender el mundo examinando cuidadosamente nuestro pensamiento y el de otros, para aclarar y mejorar nuestro entendimiento".*

Algunos creen por equivocación que el pensamiento crítico significa "criticar" o condenar otros puntos de vista. Esto no es lo que significa

* Chaffee, 1998, pág. 49.

ser un pensador crítico. No se trata de un pensamiento negativo que condena, sino de escuchar y entender, y considerar con honestidad los puntos de vista de otros, algo que no siempre es fácil de hacer.

Un componente clave de ser un pensador crítico es tener la capacidad de colocarse en las situaciones de otras personas y ver las cosas desde sus perspectivas. Un buen pensador crítico reconoce que cada individuo ve el mundo a través de una óptica personal que rara vez es similar a la de él. Es necesario aceptar que otros ven el mundo de manera muy diferente, y que a veces nuestra perspectiva puede no ser la correcta.

El pensamiento crítico es:

+ Objetivo

+ Bien meditado

+ Pensar antes de hablar

+ Respetar los puntos de vista ajenos

+ Pensamiento difícil

Los pensadores críticos "piensan en su pensamiento"

El beneficio más importante de tener gran capacidad de pensamiento crítico, es el de poder reflexionar sobre su pensamiento. Usted se convertirá en un "analítico". No acepta las cosas por su valor aparente, sino que evalúa la evidencia con objetividad antes de tomar una decisión. La capacidad de cuestionar asegura el no aceptar algo porque otros lo afirman o porque las cosas siempre han sido de esa forma.

Todo debe ser cuestionado en ocasiones. Si no lo hiciéramos, nada cambiaría favorablemente. Siempre tenemos que preguntarnos "por qué", para entender las razones primordiales. El pensamiento crítico también significa cuestionarnos a nosotros mismos y no reaccionar rápidamente sin pensar. Preguntar "por qué" también conduce a nuevas e inventivas formas de ver las cosas y solucionar problemas. La mayoría de inventos e ideas nuevas, desde el teléfono hasta el viaje espacial, surgieron de personas que hacían preguntas y no aceptaban el statu quo.

El lenguaje fue inventado para hacer preguntas. Las respuestas pueden ser dadas con gruñidos y gestos, pero las preguntas deben ser habladas. La humanidad avanzó cuando el hombre hizo la primera pregunta. El estancamiento social no es debido a la falta de respuestas, sino a la falta de hacer preguntas.

⌐ Eric Hoffer

Con la capacidad del pensamiento crítico usted será . . .

✦ Receptivo, de mente abierta

✦ Mentalmente activo

✦ Curioso

✦ Habilidoso orador

✦ Perspicaz

✦ Consciente

✦ Creativo

Los pensadores críticos entienden los problemas

Es difícil solucionar problemas si no sabe cuál es la situación real. Una gran capacidad de pensamiento crítico le permite analizar y separar las cosas eficazmente. La parte más difícil de tratar un problema, puede ser determinar con exactitud cuál es el problema, en especial cuando enfrentamos situaciones que involucran múltiples asuntos. En estos casos, puede no ser fácil identificar el verdadero problema, sin mencionar el surgimiento de una solución. El pensamiento crítico es necesario para manejar las situaciones. Una vez identificado el problema, no será tan difícil encontrar una solución. Poder identificar claramente los problemas es una habilidad muy valiosa. Lo beneficiará enormemente a lo largo de su vida.

Natalie recibió la visita de amigas de fuera de la ciudad. No las había visto desde la universidad. Pronto descubrió que no estaba congeniando muy bien con ellas. Se resintió por su pérdida de privacidad, y llegó a la conclusión de que ella y sus amigas ya no tenían mucho en común por haber vivido separadas.

El verdadero problema de Natalie no yacía en la relación con sus amigas. La raíz del asunto era que desde que terminó la universidad había vivido sola y estaba acostumbrada a tener su espacio. Para ella era un problema perder su privacidad y el tiempo que tenía para estar sola. Natalie y sus amigas aún tenían mucho en común. De este modo, la siguiente vez que ellas fueron a visitarla se hospedaron en un hotel cercano, y resultó ser una visita más agradable.

¿Puede separar las cosas e identificar la raíz del problema(s)?

> Dime lo que piensas y luego dime lo que piensa la persona más inteligente en el salón que está en desacuerdo contigo.
> — *Aaron Sorkin, creador de* The West Wing

El pensamiento crítico es una habilidad aprendida

Algunos individuos son por naturaleza mejores pensadores críticos que otros, pero esta habilidad puede ser aprendida por cualquiera. Desarrollar el pensamiento crítico toma tiempo y puede ser difícil al comienzo, pero con la práctica se puede mejorar enormemente. Al menos necesitará:

+ Tener mente abierta y no asumir que tiene todas las respuestas

+ Buscar el entendimiento preguntando "¿por qué?"

+ Retar su pensamiento con otros puntos de vista

+ Colocarse en las situaciones de otras personas

Un método para desarrollar la capacidad del pensamiento crítico, es analizar asuntos complejos que desafíen sus creencias, y determinar cuál es su posición al respecto. Podrían incluir asuntos como la pena de muerte, la religión en el sistema escolar, el aborto y la causa y cura de la pobreza. Para la mayoría de personas estas son situaciones muy complejas que no tienen respuestas simples. Por lo general son motivo de acaloradas discusiones que fácilmente se vuelven argumentativas y personales. Si se reta a enfrentar un asunto complejo, debe pensar a profundidad en sus creencias. Tiene que analizar sus prejuicios y la forma en que ve el mundo, además de considerar argumentos de todos los flancos. Al final debe determinar su posición al respecto y tener razones sólidas para su creencia. Un buen pensador crítico también puede encontrar que las creencias en un asunto delicado cambian con el tiempo y la aparición de nuevas evidencias. Esto requiere una mente continuamente abierta.

+ ¿Sabe cuál es su posición en asuntos controversiales?

+ ¿Tiene razones sólidas que respalden sus creencias?

+ ¿Puede argumentar varios puntos de vista en forma convincente?

+ ¿Está dispuesto a escuchar y discutir diferentes análisis de los asuntos?

Consejos de preparación

1. Haga preguntas para entender mejor las cosas —pregunte "¿por qué?"—.

2. Tenga siempre una buena razón para respaldar sus opiniones.

3. Hable siempre por sí mismo —no deje que otros lo hagan por usted—.

4. Rete su pensamiento —cuestione sus creencias sobre asuntos delicados—.

5. Acepte que en ocasiones puede estar equivocado.

6. Haga siempre un examen interior y asegúrese de ser fiel a sí mismo —¿hacer esto parece ser lo "correcto"?—.

7. Nunca haga algo con un grupo si no lo haría solo.

8. Si las razones que respaldan sus acciones no tienen sentido para usted, entonces no lo tendrán para otras personas.

9. Nunca acepte algo sólo porque así ha sido hecho siempre.

10. Asegúrese de que sus decisiones sean realmente las suyas.

11. Tome cursos y lea libros sobre pensamiento crítico y lógico.

Resumen

El pensamiento independiente es la capacidad de pensar por sí mismo y llegar a sus propias conclusiones, a pesar de la presión de otras personas. Los pensadores independientes tienen una vida "consciente", lo cual significa que conocen bien sus sentimientos y deseos a todo momento. Una persona "inconsciente" tendrá la tendencia a dejar que otros dirijan sus acciones, y esto puede hacer que no tenga una vida de su elección. El pensamiento crítico es una habilidad aprendida que nos permite ser pensadores objetivos y justos, capaces de ver los asuntos y problemas desde todos los ángulos. Un individuo con una gran capacidad de pensamiento crítico, cuestiona su propio pensamiento y reconoce cuándo está equivocado. Un pensador crítico no acepta de inmediato lo que oye o lee, ya que siempre cuestiona la evidencia. Preguntar constantemente "¿por qué?", conduce a nuevas formas de ver las cosas, y de este modo se originan soluciones creativas. El pensamiento crítico es desarrollado retando continuamente sus creencias frente a asuntos complejos. Esto lo fuerza a pensar en sus prejuicios personales, considerar todos los puntos de vista y finalmente sacar sus propias conclusiones.

LISTA DE AUTOEVALUACIÓN

1 = Nunca   **2** = Rara vez   **3** = A veces
4 = Con frecuencia   **5** = Siempre

Puntuación

	Puntuación
Tomo mis propias decisiones	
Veo las cosas desde todos los ángulos	
No puedo ser manipulado	
Puedo ir en contra de la mayoría	
Es difícil que alguien me haga cambiar de parecer	
Respeto las opiniones de otras personas	
Pregunto "¿por qué?" todo el tiempo	
Puedo ver las cosas desde la perspectiva de otras personas	
Nunca me creo ilusiones, siempre encaro la realidad	
No temo reconocer que cometí un error	
Sé cuál es mi posición en asuntos controversiales	
Puntuación total / 55	

PLAN DE ACCIÓN

Mayor reto: _____

Principales debilidades:

_____

_____

_____

Asuntos controversiales donde necesito aclarar mi posición:

_____

_____

_____

Metas inmediatas:

_____

_____

_____

LECTURAS ADICIONALES

Chaffee, John. *The Thinkers Way.* Little Brown & Co., 1998.

De Bono, Edward. *New Thinking for the New Millennium.* Penguin Books, 2000.

Glassner, Barry. *The Culture of Fear.* Basic Books, 1999.

Glickman, Rosalene. *Optimal Thinking.* John Wiley & Sons, Inc., 2002.

Estrategia
4

Ser
disciplinado

*Al leer la vida de grandes hombres, encontré que la
primera victoria que lograron fue sobre sí mismos,
todos tuvieron inicialmente autodisciplina.*

HARRY S. TRUMAN

Ser disciplinado significa:

Controlar los hábitos cotidianos.

Permanecer enfocado en las metas.

Superar contratiempos.

Llevar hasta el fin los planes.

No significa:

No vivir espontáneamente.

Ser una persona mecánica o inflexible.

Hágase estas preguntas:

¿Tengo el control de mis hábitos cotidianos?

¿Fijo metas pero me desvío en el camino?

¿Hago planes y los cambio fácilmente?

¿Estoy feliz con mi peso, mi ejercicio y mi salud? ¿Cómo paso el tiempo cada día?

¿Podría pasar una semana en un campamento estilo militar?

¿Mis amigos me consideran una persona disciplinada?

La disciplina es el dominio de sí mismo

La mayoría de personas exitosas, desde atletas hasta hombres de negocios, tienen una buena autodisciplina. La disciplina se refiere al dominio de sí mismo. Con esta cualidad bien desarrollada, se posee la fuerza para controlar los hábitos cotidianos, y la capacidad de trabajar a un buen ritmo para alcanzar los objetivos a pesar de los obstáculos. La buena disciplina le asegura la fortaleza necesaria para controlar sus acciones y superar tiempos difíciles. Una persona indisciplinada tiene dificultad para mantener hábitos positivos, se rinde al enfrentar dificultades, y no puede conservar el enfoque necesario para alcanzar las metas. La disciplina incluye tener un fuerte dominio de sí mismo. Es posible dictar sus acciones, y esto hace la diferencia entre hacer o no las cosas. Sin disciplina interna usted no podrá controlar sus hábitos diarios ni dirigir proactivamente su vida. Tendrá gran dificultad para ver las cosas hasta el final y así alcanzar sus objetivos en la vida.

Los beneficios de ser disciplinado son:

- ✦ Podrá hacer lo que planea
- ✦ Podrá seguir adelante incluso estando cansado
- ✦ No dejará que pequeños contratiempos se conviertan en grandes problemas
- ✦ Los medios para lograr sus objetivos yacen en usted mismo
- ✦ Podrá crear y mantener hábitos positivos

La sensación de no tener el control de nosotros mismos es muy abrumadora. Una definición de vida infeliz es aquella en que nos sentimos fuera de control. Esta sensación de impotencia es agotadora emocional y físicamente. Nos quita energía que necesitamos para ser productivos y disfrutar cada día. Cuando tenemos el control de la vida nos sentimos energizados y vemos el futuro con una perspectiva positiva. Cuando nos sentimos fuera de control, estamos cansados, frustrados y llenos de pesimismo. La idea es controlar las partes de la vida que podamos a través de la disciplina personal. Con una buena disciplina, usted podrá reconocer que siempre tiene elecciones disponibles, incluso si son limitadas. El dominio de sí mismo le dará la capacidad de controlar gran parte de su vida; y eso significa libertad personal.

> No puede tener paz interior si los controles de su vida están fuera de su ser.
> ⸺ *Dr. Wayne Dyer*

Hacer lo que planeamos

Una de las principales capacidades que necesitamos en la vida, es llevar a cabo lo que planeamos. A veces es una lucha terminar tareas que hemos planeado. Un simple compromiso, tal como devolver una llamada telefónica a un amigo o familiar, puede ser aplazado o ignorado por completo. Cuando esto sucede, podemos perder nuestra credibilidad con otras personas, quienes tal vez no volverán a confiar en nosotros para asuntos serios. La capacidad de hacer lo planeado es esencial. Asegura que es posible completar las tareas y que los medios para lograrlo están a su alcance. Ser una persona que cumple los compromisos también le da credibilidad con los demás.

Sin disciplina, puede ser difícil mantener incluso hábitos y planes simples, tales como levantarse a cierta hora, dar una caminata diaria, leer por treinta minutos o llamar a sus padres una vez a la semana. Aún ciertas actividades básicas pueden ser dejadas a un lado sin una buena disciplina personal. ¿Tiene dificultad para mantener algunos hábitos? ¿Hay hábitos que le gustaría adoptar pero no ha podido?

Albert prefiere levantarse temprano y hacer la mayor parte de su trabajo en la mañana. En estas horas tiene la máxima energía. Él sabe que la capacidad para hacerlo depende de tener un buen sueño nocturno. Sin embargo, cuando sale con sus amigos no puede resistir las presiones del grupo, come y bebe mucho, y se acuesta tarde. Al día siguiente no puede terminar su trabajo y se remuerde por lo ocurrido la noche anterior.

Norman también trabaja mejor en las mañanas. Cuando sale con amigos a una reunión social, usualmente planea el límite de comida y bebida, y vuelve a casa temprano. Esto es exactamente lo que hace a pesar de la presión que el grupo ejerce sobre él.

Albert no tiene la misma disciplina de Norman, y paga el precio por ello en su trabajo. Aunque ambos tienen el mismo objetivo, no poseen la misma disciplina para lograrlo. ¿Qué clase de persona es usted?

Gobierna tu mente o ella te gobernará.

⌐ *Horace Mann*

Seguir adelante a pesar de estar cansado

No es difícil enfocarse en planes y objetivos cuando nos sentimos bien y en la cima del mundo. Sin embargo, es difícil hacerlo cuando estamos cansados, nos sentimos mal y las cosas no salen como queremos. Sin disciplina, los buenos hábitos son omitidos durante tiempos difíciles. Levantarse para una caminata temprano en la mañana no es tan fácil después de una noche de diversión. Un programa de ejercicios no es difícil de mantener cuando uno se siente bien y lleno de energía. Sin embargo, después de un día estresante en el trabajo, es mucho más difícil encontrar la motivación y energía para ir al gimnasio y hacer ejercicio. La buena disciplina lo sostiene en los momentos difíciles y lo mantiene avanzando hacia los objetivos. Si usted es disciplinado, no importa si está o no cansado; podrá salir avante cuando enfrente situaciones adversas.

Helen y Joan están tratando de mantener un programa de ejercicios regular y cada una ha fijado metas. Helen, después de un duro día de trabajo, con frecuencia encuentra razones para omitir la rutina de ejercicios planeada, y en lugar de eso va a una taberna a beber algo para relajarse. Joan, a pesar de tener un día de trabajo similar, rara vez deja de ir al gimnasio. Luego de seis meses, Helen está aún lejos de sus metas, mientras que Joan las ha cumplido e incluso superado.

La diferencia entre Helen y Joan es la disciplina. ¿Qué persona sería usted?

Evitar que contratiempos menores se conviertan en problemas mayores

La vida no siempre sigue el curso que queremos, e inevitablemente encontramos obstáculos que nos desvían de nuestros objetivos. Los contratiempos son comunes cuando se lucha por obtener algo. Por lo general son problemas menores, pero en el momento pueden ser muy perjudiciales. Pero a veces hasta un revés pequeño puede convertirse en una gran barricada que retrasa su progreso o lo detiene por completo. Un contratiempo menor puede hacer que cambie de dirección o renuncie a un gran sueño. Un estudiante universitario que en su primer año tiene muchas dificultades, puede estar tentado a interrumpir sus estudios. Un atleta que tiene una mala carrera podría aplazar su sueño olímpico. Un corredor que desea participar en un maratón, tal vez renuncie a su entrenamiento después de correr en una carrera de 5 km.

Debemos aceptar que los obstáculos son parte de la vida que todos encaramos. No hay forma de evitarlos por completo. Sin embargo, con buena disciplina podemos superarlos, aprender de ellos y mantenernos enfocados en nuestras metas. Un estudiante disciplinado con malas notas el primer año, hará los cambios necesarios tales como alterar hábitos de estudio, y podrá enfocarse en el objetivo de graduarse.

Margaret siempre fue una excelente estudiante y ocupaba los primeros puestos en la secundaria. Estaba acostumbrada a obtener las más altas notas. En su primer año de universidad, no le dedicó el tiempo suficiente al estudio y tuvo calificaciones mucho más bajas de lo usual. Terminó cambiándose de facultades y al final se retiró de la universidad. Karen también era una estudiante destacada en la secundaria. Al igual, encontró difícil su primer año en la universidad y obtuvo malas notas. En el segundo año le dedicó más tiempo al estudio, consiguió un tutor y mejoró su rendimiento significativamente.

Cuando enfrente obstáculos, reevalúe la situación y haga los cambios necesarios. Vea los contratiempos como un bache en el camino. No deje que lo detengan.

Alcanzar las metas depende de usted

En teoría, alcanzar metas debería ser algo sencillo. Sólo se trata de determinar el objetivo y el método para lograrlo, y luego hacer el trabajo requerido. Pero en la realidad, no es tan simple. Alcanzar una difícil meta rara vez es un camino directo. Tendemos a desviarnos, y esto puede hacer que perdamos la vista del objetivo. A veces nos desviamos sólo por un instante, pero también es posible que nos descarrilemos de manera permanente. Esto podría tratarse de un cambio de prioridades o de perder el enfoque del objetivo. La disciplina es necesaria para ayudarnos a seguir en el camino hasta que la meta es alcanzada, ya sea un grado universitario, cumplir con un plazo en el trabajo o perder cinco libras de peso. Con buena disciplina personal, podrá lograr sus objetivos, a pesar de los obstáculos que el mundo le coloca.

> Aprenda a vencerse a sí mismo, persista por un tiempo, y verá claramente la ventaja que obtiene de ello.
> — *St. Teresa de Ávila*

Mantener hábitos positivos

Nuestras costumbres cotidianas pueden favorecer lo que hacemos o perjudicarnos. Los hábitos positivos, tales como comer saludablemente y dormir lo suficiente, nos ayudan a vivir de manera eficaz. Son una fuente de fortaleza. Los hábitos negativos, tales como comer en exceso o dormir poco, nos causan daño. Las prácticas positivas y constantes proveen una base estable y hacen más fácil concentrarse en tareas importantes sin perder el tiempo en problemas menores. Estos hábitos son creados y mantenidos por medio de la disciplina.

Con una disciplina gradual y continua, es posible crear costumbres que lo apoyen cada día. Éstos pueden incluir el ejercicio regular, levantarse a una hora fija, leer constantemente, hábitos alimenticios saludables o estar en contacto con la familia. Los rituales positivos temprano en la mañana ayudan a prepararnos para el día, y los rituales nocturnos nos preparan para dormir. Una vez que comprendemos qué hábitos nos fortalecen, deben convertirse en una parte infaltable de nuestra rutina diaria o semanal. Los hábitos son conservados por medio de una continua autodisciplina.

Principales hábitos positivos

Todos tenemos algunos hábitos que proveen un fuerte marco para el día. Se trata de los tres o más "hábitos principales" que nos brindan el máximo apoyo, y si no se adoptan no nos sentimos muy bien. Pueden incluir levantarse a las 6:00 A.M. todos los días, hacer ejercicio tres veces por semana, caminar una hora al día o leer una hora cada día. Una caminata matinal hacia el trabajo es un hábito importante que nos da energía y la oportunidad de prepararnos mentalmente para el día. Los hábitos principales deben ser identificados y convertidos en una parte constante de la vida. ¿Cuáles son sus hábitos principales?

> Es fácil llevar a cabo una buena acción, pero difícil adquirir el hábito de realizar tales acciones.
>
> ⌐ *Aristóteles*

La disciplina va de la mano con la paciencia

La disciplina y la paciencia van de la mano. Una parte importante de la disciplina es la paciencia. A veces lleva más tiempo de lo planeado llevar a cabo los objetivos. Esto es especialmente relevante cuando se persiguen metas a largo plazo. Sin la capacidad de esperar y tener una visión amplia, no es posible mantener el enfoque necesario para lograr objetivos. Una persona impaciente tendrá una gran dificultad para cumplir metas a largo plazo.

La paciencia tiene otra aplicación práctica. Es necesario evitar sentirse frustrado con frecuencia. Cada día la paciencia es desafiada de muchas formas; podemos pasar mucho tiempo sólo esperando. Tenemos que esperar en filas de supermercados, parqueaderos, teatros y bancos. En las autopistas de Los Ángeles las hileras de carros son algo normal. Si no se tiene paciencia, la vida cotidiana será estresante y agotadora, creando molestias continuamente. Si aprende a relajarse sin dejar que la espera lo perturbe, alcanzará un mejor bienestar y ahorrará energía para las cosas importantes de la vida.

> El precio de la excelencia es la disciplina. El costo de la mediocridad es la decepción.
> ⁓ *William W. Ward*

Prepararse para la disciplina

La disciplina puede ser difícil de desarrollar, especialmente en las etapas iniciales. Si usted tiene experiencia en atletismo, la milicia o artes marciales, ya tiene una ventaja. Pero la disciplina puede ser desarrollada por cualquiera, a través de una constante preparación. La disciplina se desarrolla de la misma forma que es enseñada en el atletismo o la vida militar: un desafío a la vez, y luego aumentando poco a poco la dificultad de los retos. La clave es dar pasos pequeños en un comienzo y después aumentarlos. Los cambios grandes pueden ser intimidantes y difíciles de superar, a diferencia de los cambios pequeños, que se pueden dar rápidamente.

Muchos encuentran difícil cambiar los hábitos alimenticios de la noche a la mañana y tienden a regresar a sus viejas costumbres. Sin embargo, si hacemos cambios graduales y los mantenemos, con el tiempo nos adaptaremos a una nueva forma de alimentar nuestro cuerpo. No trate de transformar todo en un instante; enfrente un reto a la vez. Al acostumbrarse a ser disciplinado, las metas cada vez serán más fáciles. Preparándose de esta manera, se asombrará de los cambios que puede hacer en un corto período de tiempo. ¿Qué puede cambiar hoy?

Los primeros tres meses

Entre más cree y mantenga buenos hábitos, más fácil será progresar con base en ellos. El éxito se construye sobre el éxito, y esto hace más fácil desarrollar otros rituales positivos. La parte más difícil son los primeros meses. Por ejemplo, si empieza un programa de ejercicios (algo que todos intentamos alguna vez), quizás descubrirá que lo más difícil es superar los primeros tres meses. Este es el tiempo decisivo al tratar de crear un nuevo hábito. Sin embargo, luego de unos meses más, y una vez que empiece a ver resultados de su arduo trabajo, es mucho más fácil. Este es el obstáculo que debe superar. Con suficiente tiempo, el ejercicio regular se convertirá en parte de su rutina semanal y lo extrañará si no lo hace.

Si no está acostumbrado a disciplinarse, empiece controlando cosas básicas de la vida tales como la hora en que se levanta en la mañana y se acuesta en la noche. Al ver los resultados positivos desarrollando pequeños hábitos, podrá hacer otros cambios más difíciles. Con el tiempo hará casi todo lo que quiera.

Cumpla su palabra

Por último, la disciplina se refleja en poder hacer lo planeado. Una buena regla en la vida es decidir lo que se va a hacer, la forma en que se hará, y luego llevarlo a cabo. Si puede aprender a vivir de esta forma, estará adelante de muchas personas. Pocas cosas lo podrán frenar y también será muy respetado.

Siga estas pautas:

+ Mantenga el principio de siempre hacer lo que dice

+ No prometa rápidamente sin pensar

+ Tenga cuidado de lo que promete

+ Sea una persona íntegra —una con la que los demás siempre puedan contar—

Consejos de preparación

1. Identifique los hábitos principales que le gustaría desarrollar.

2. Desarrolle un plan y horario para iniciar nuevos hábitos.

3. Haga automáticos sus hábitos principales.

4. Rete sus hábitos con regularidad; por ejemplo, levántese una hora más temprano de lo normal durante una semana.

5. No deje que otros influencien los hábitos que desea conservar.

6. Cuando tenga problemas para enfocarse en lo que es importante para usted, revise su dirección y metas actuales.

7. Acepte que los obstáculos y tiempos difíciles son parte de la vida.

8. No intente algo por ninguna razón diferente al reto establecido.

9. Lleve un registro periódicamente de la forma en que pasa el día.

10. Desarrolle la paciencia —aprenda a relajarse cuando tenga que esperar en filas—.

Resumen

La buena disciplina personal es necesaria para crear y mantener hábitos cotidianos positivos, y trabajar constantemente hacia las metas a pesar de los obstáculos. Una persona indisciplinada tiene dificultad para mantener hábitos positivos y el enfoque continuo necesario para lograr objetivos. La disciplina es una cualidad que puede ser construida con el tiempo, de la misma forma que se desarrolla en el atletismo y la vida militar. Se consigue haciendo cambios pequeños en hábitos cotidianos, y luego avanzando gradualmente a cambios más difíciles. Al adquirir disciplina personal se hace más fácil controlar nuestras acciones. La meta final es crear y mantener el hábito escogido, y poder trabajar constantemente para la consecución de cualquier objetivo, sin ser desviados durante tiempos difíciles. Si usted puede hacer esto, en sus manos está lograr lo que fije en la mente. La disciplina también involucra el desarrollo de la paciencia —la capacidad de esperar sin sentirse frustrado—.

LISTA DE AUTOEVALUACIÓN

1 = Nunca   2 = Rara vez   3 = A veces
4 = Con frecuencia   5 = Siempre

	Puntuación
Si planeo hacer algo, lo hago	
No dejo que los obstáculos me desvíen del objetivo	
Llego a tiempo a las citas	
Estoy feliz con mi rutina diaria	
Me levanto a la misma hora cada día	
Trabajo constantemente para alcanzar las metas	
Planeo mi día	
No me siento molesto cuando espero en las filas	
Puntuación total / 40	

PLAN DE ACCIÓN

Mayor reto: _____

Principales debilidades:

_____

_____

_____

Mis hábitos principales:

_____

_____

_____

Hábitos que quiero desarrollar:

_____

_____

_____

Metas inmediatas:

_____

_____

_____

LECTURAS ADICIONALES

Janke, Michael A. *Take Control.* Madison Books, 2000.

Reivich, Karen y Andrew Shatte. *The Resilience Factor.* Broadway Books, 2002.

Estrategia
5

Dejar atrás
los problemas pasados

Sí, hay momentos en que algo en realidad no es nuestra culpa. Sin embargo, culpar a los demás nos mantiene estancados y al final afecta nuestra propia autoestima.

ERIC ALLENBAUGH

Dejar atrás los problemas pasados significa:

No obsesionarse por el pasado.

No dejar que el pasado lo influencie demasiado.

No guardar rencores ni amargura.

Colocar la energía en el presente y el futuro.

No significa:

Olvidar incidentes pasados.

No sentirse molesto por eventos pasados.

No enojarse en ocasiones.

Hágase estas preguntas:

¿Pienso mucho en eventos pasados?

¿Dejo que eventos pasados continúen afectando mi vida?

¿Sigo enojado con la gente o amargado por el pasado?

¿Me perturbo al pensar en el pasado?

¿Mi tiempo y energía se enfoca en el presente y futuro?

Problemas pasados

Debemos liberarnos de los problemas pasados. El pasado puede ser muy dañino para nosotros, no debido a los eventos mismos, sino cuando no los dejamos atrás. Pensar en problemas pasados y revivir antiguas luchas es un problema común. La naturaleza humana parece hacer mucho más fácil seguir enfocado en los eventos de ayer, que concentrarse en lo desconocido del presente y el futuro. Si nos enfrascamos en acontecimientos pasados, gastamos preciada energía mental y física necesaria para vivir bien en el presente.

Los beneficios de dejar atrás problemas pasados son:

✦ El tiempo y la energía pueden usarse productivamente para el presente y el futuro

✦ Las emociones negativas no permanecerán con usted ni lo abatirán

✦ Los incidentes menores no se convertirán en problemas mayores

✦ Usted no reaccionará indebidamente frente a otras personas

Tiempo y energía

Todos tenemos una cantidad limitada de tiempo y energía. Podemos usarla eficazmente o desperdiciarla en cosas sobre las cuales no tenemos control. Es similar a nuestras elecciones al gastar dinero. Podemos gastarlo sabiamente en lo que es más importante para nosotros e invertir en el futuro, o derrocharlo en cosas que no necesitamos.

Tenemos la elección de emplear nuestro tiempo y energía preocupándonos por problemas pasados, o usarlos para ser productivos en el presente y proyectar el futuro.

Si lo permite, usted puede pasar toda su vida reviviendo el pasado. Pero esto será un continuo peso alrededor de su cuello que lo tira hacia atrás. Si puede liberarse del pasado, será más fuerte y se enfocará en el presente y futuro. Recuerde y aprenda del pasado, pero no se enfrasque en lo negativo y lo que pudo haber hecho y no realizó.

> Una noche, Sean tiene una discusión con su esposa acerca de una futura visita de sus suegros. Es una pequeña discusión por algo insignificante. Sin embargo, al día siguiente en el trabajo, Sean continúa obsesionado por la discusión, la revive una y otra vez. Su trabajo se ve afectado, él está cansado mentalmente y cancela el plan de ir a jugar squash con un amigo más tarde. Sean habría tenido un mejor día si hubiera analizado la situación desde otro ángulo y después olvidarse de ella.

¿Esto siempre le sucede a usted?

> La felicidad de la mayoría de personas que conozco no es arruinada por grandes catástrofes o errores fatales, sino por la repetición de cosas pequeñas lentamente destructivas.
> — *Ernest Dimnet*

Las emociones negativas nos debilitan

Experimentamos muchas emociones. Algunas son negativas, como la ira, el odio, la envidia y el cinismo. Todos tenemos emociones negativas en algún grado. Sin embargo, si permite que permanezcan en usted, pueden agotar su energía y volverlo autodestructivo. Pueden afectar la vida de la misma forma que un trabajo inapropiado o una mala relación. Pueden tener el mismo efecto de la criptonita en Superman, que agota su fuerza y lo hace vulnerable. Las emociones negativas actúan igual, son dañinas cuando dejamos que dominen nuestros pensamientos, en especial al revivirlas repetidamente. No gaste su energía en ellas; quedará agotado y no logrará nada. Es similar a correr un maratón, pero en lugar de seguir la ruta normal, toma desviaciones en el camino, las cuales agotan energía valiosa que necesitará para llegar a la meta, y por ello es posible que nunca llegue. En lugar de permitir que las emociones negativas se apoderen de usted cuando ocurre un incidente, trate tales sucesos como moscas inofensivas que zumban alrededor, ignórelas o apártelas.

> Lo que hay detrás y delante de nosotros son cosas insignificantes en comparación con lo que hay en nuestro interior.
> — *Ralph Waldo Emerson*

No deje que incidentes menores se conviertan en problemas mayores

Es lamentable permitir que nos afecten problemas menores. Un suceso relativamente insignificante a veces puede convertirse en un problema grave. ¿Ha visto a alguien llenarse de ira conduciendo en la autopista? Es normal que personas tranquilas y controladas reaccionen bruscamente a lo que perciben como "injusticia" en la carretera. Pueden gritar e incluso amenazar con violencia física a alguien que se les cruzó en el camino. La rabia, aunque en principio es una reacción natural, puede inducir a un comportamiento ridículo. La ira que persiste, también puede afectar seriamente el estado mental. La energía dirigida de esta forma es desperdiciada, en lugar de emplearse en forma más positiva en otras cosas.

> En una reunión de proyecto hace cinco años, Alex fue criticado por los compañeros de trabajo por su desempeño laboral. En ese tiempo, él se sintió traicionado y herido por sus colegas. Pensó que eran injustos y se enojó mucho. Cinco años después sigue enfadado con ellos y no les tiene confianza. Continúa trabajando con el mismo grupo pero cada desacuerdo insignificante le recuerda el incidente pasado. Esto lo hace exasperarse. En casa y con los amigos aún habla de sus colegas con amargura por la reunión que tuvo lugar hace cinco años.

Alex debe liberarse de su rabia y seguir adelante. La idea es tener siempre una perspectiva clara de la situación. No deje que eventos sin trascendencia lo afecten más de la cuenta.

> No tema que su vida llegará a un final, pero si que nunca tenga un comienzo.
>
> ⁓ *John Henry Cardinal Newman*

No se exaspere con otras personas

A veces reaccionamos bruscamente ante otras personas, en especial si sentimos que han sido injustas con nosotros. En retrospectiva, por lo general es una reacción exagerada. Es fácil enojarse con alguien que a nuestro parecer ha cometido una gran injusticia sobre nosotros. Sin embargo, no podemos controlar a los demás, sólo a nosotros mismos. Quienes nos rodean, con frecuencia hacen cosas que no aprobamos. Usted puede enojarse con un supervisor que le negó un ascenso en el trabajo, o con su pareja de una relación pasada que finalizó en malos términos. La pregunta es cuánto tiempo albergará este resentimiento. ¿Olvida el suceso rápidamente o sigue latente en usted por un tiempo?

Lo importante es comprender que no podemos controlar a otras personas, y no dejar que sus acciones nos perturben. Trate de recordar que no debe reaccionar a cada incidente menor. Si reaccionara a todas las moscas que hay a su alrededor, tendría una vida agitada luchando contra ellas, una tras otra, sin cesar. Aprenda a reconocer cuando se exaspera, a reconocer que un incidente permanece con usted más tiempo de lo que debería, y luego trate de minimizar sus emociones al respecto. Gradualmente podrá reducir el impacto del suceso hasta que ya no lo afecte. Cuando no le importe más lo que alguien le hizo en el pasado, habrá recuperado su energía.

✦ ¿Se enoja fácilmente mientras conduce?

✦ ¿Se irrita cuando espera en una fila?

✦ ¿Reacciona brusca y rápidamente con palabras llenas de ira?

Las personas siempre están culpando a sus circunstancias por lo que son. No creo en las circunstancias. Quienes triunfan en este mundo son las personas que se levantan y buscan las circunstancias que quieren, y si no las encuentran, las crean.

~ *George Bernard Shaw*

La supuesta vida encantada de otras personas

Por alguna razón, tendemos a pensar que otras personas tienen una vida mejor que la nuestra. Parece ser de la naturaleza humana pensar que los demás son mucho más felices que nosotros. A veces envidiamos la carrera, apariencia, ingresos o las relaciones importantes de otros, pero no hay una vida totalmente encantada, y el pasto no siempre es más verde al otro lado de la cerca. Todo el mundo padece los problemas y tribulaciones de la vida cotidiana. A pesar de que algunas vidas parecen perfectas, ninguna está inmune a las dificultades impredecibles que tarde o temprano aparecen. Siempre hay giros desagradables y la vida es una caja de sorpresas para todos. Algunos parecen tenerlo todo, pero aun así son autodestructivos. Numerosas estrellas del espectáculo y hombres de negocios exitosos se hunden en el alcohol y las drogas, e incluso terminan suicidándose.

Es fácil envidiar las relaciones de otras personas. ¿Alguna vez ha deseado tener la relación que tiene un amigo suyo? En realidad la mayoría de relaciones tienen altibajos y rara vez son un viaje perfecto, y lo que se ve en el exterior no necesariamente es lo que sucede. ¿No ha quedado sorprendido cuando la relación de un amigo, que usted envidiaba por ser aparentemente armoniosa, terminó de repente? Por desgracia esto es muy común, en especial en nuestros días.

Los optimistas tienen la razón, al igual que los pesimistas. Depende de nosotros escoger qué seremos.

~ *Harvey Mackay*

Cuando todo acabe, siga adelante

Es difícil dejar atrás nuestro pasado. El mayor reto es saber cuándo liberarnos de él. ¿Cuándo deberíamos olvidar eventos y resentimientos pasados para seguir adelante? Es necesario hacerlo cuando el aferrarse al pasado afecte negativamente la capacidad de vivir en el presente. Es indispensable dejar las cosas atrás cuando se está perdiendo tiempo y energía que podrían emplearse mejor. Es fácil continuar atado a anteriores relaciones. Algunas personas continúan pensando en lo que estuvo mal y qué causó la ruptura de la relación. Si usted es infeliz con su actual vida, tal vez culpe a la persona del pasado o sueñe con la reconciliación. Podría olvidar las razones por las que la relación terminó. Como resultado, no podrá buscar una relación nueva y armoniosa. Al igual que todos los eventos pasados, las relaciones deben en realidad quedar en el olvido, de tal forma que esté dispuesto para intentarlo de nuevo con alguien más.

✦ ¿Qué lo afecta negativamente?

✦ ¿A qué se aferra?

✦ ¿A veces ve su pasado a través de unos lentes color rosa?

La memoria del hombre puede casi convertirse en el arte de continuamente variar y mal interpretar su pasado, de acuerdo a sus intereses en el presente.
⁓ *George Santayana*

Sea consciente de lo que piensa

Para dejar atrás los problemas pasados, debe entender lo que está haciendo y cambiar el patrón. Muchos no se dan cuenta del tiempo que pierden pensando en asuntos del pasado, ni tampoco no son conscientes del efecto negativo que tiene sobre sus vidas. Usted debe desarrollar una aguda conciencia de su patrón de pensamiento y ser capaz de cambiarlo. Para hacer esto necesita seguir los siguientes seis pasos:

1. Analice sus pensamientos continuamente.

2. Examine lo que está pensando.

3. Reconozca los problemas —sea honesto consigo mismo—.

4. Maneje y reorganice sus pensamientos.

5. Enfóquese en el presente y futuro.

6. Recuerde siempre que su tiempo y energía son limitados; empléelos eficazmente.

¿Puedo hacer algo al respecto? Si responde "sí", elabore y siga un plan —no hay crisis—. Si la respuesta es "no", no hay crisis.

⁓ *Anónimo*

Romper un patrón de obsesión

A veces es muy difícil dejar atrás un problema pasado, sin importar qué tanto tratemos de olvidarlo. En este caso debemos romper el patrón de pensamiento y alejar la mente del mismo. La mejor forma de hacerlo es dedicándonos a una actividad que interrumpa ese patrón actual y nos ayude a enfocar la mente en otra dirección. Puede ser algo relajante como el yoga, la meditación, unas vacaciones, leer un buen libro, o pasar tiempo con la familia o amigos. Podría ser una actividad que requiera plena concentración, por ejemplo un programa de ejercicios o un nuevo hobby desafiante.

Tamara encuentra muy difícil dejar de pensar en su trabajo todas las noches. Si va a casa después de salir de trabajar, continuará pensando en los eventos negativos del día. Sin embargo, ha descubierto que ir a cine o tomar café con una amiga aleja su mente de la oficina. De este modo, si tiene un día estresante, en lugar de irse a casa, donde sabe que seguirá pensando en lo mismo, hace otros planes.

✦ ¿Qué actividades hace para alejar la mente de los problemas?

✦ ¿Qué otras actividades podría realizar?

> Establezca una regla de vida para nunca arrepentirse o mirar
> atrás. El remordimiento es una desastrosa pérdida de energía;
> no podemos edificar sobre él; es sólo una distracción.
>
> ⌐ *Katherine Mansfield*

Mantener el pasado en perspectiva

No es fácil mantener en perspectiva eventos pasados. Podemos retornar a ellos una y otra vez. Se requiere una continua vigilancia de nuestra parte. Es necesario una constante vigilancia y la capacidad de reconocer cuándo se encuentra en un patrón negativo. Esto involucra un continuo autoanálisis y reenfoque. No es fácil adquirir la capacidad de ser consciente de sí mismo y comprender nuestro pensamiento. Requiere un trabajo arduo, pero con el tiempo se desarrolla. Dos métodos que ayudan a aumentar el autoconocimiento son llevar un diario personal y pasar tiempo a solas (vea la estrategia 8).

Las claves para mantener el pasado en perspectiva son:

✦ Entender que incluso eventos insignificantes del pasado pueden afectarnos en forma negativa

✦ Pensar en términos de productividad personal —uso óptimo de su tiempo y energía—

✦ Enfocarse en los objetivos

✦ Dejar atrás el pasado —mirar hacia adelante—

✦ Disfrutar cada día

> No deberíamos tener remordimientos . . . El pasado se ha ido.
> No se gana nada volviendo a él. Lo que sea que nos dejó con las
> experiencias que trajo, era algo que debíamos aprender.
>
> ⌐ *Rebecca Beard*

Consejos de preparación

1. Identifique los eventos pasados en los que piensa con frecuencia.

2. Trate los problemas una vez y luego siga adelante.

3. Enfóquese en el futuro, no en el pasado.

4. Encuentre amigos que lo energicen y permanezca lejos de quienes lo agotan.

5. Trate de nunca reaccionar con ira.

6. Cuando los problemas lo abrumen, encuentre una forma de alejarse de ellos, tal como un arduo programa de ejercicios o unas vacaciones.

7. Dedíquese a actividades que le ayuden a relajarse, por ejemplo la meditación o el yoga.

Resumen

Pensar a todo momento en los problemas del pasado agota la energía mental y física. Por desgracia, parece mucho más fácil perder nuestra energía rumiando sobre problemas pasados, en lugar de emplearla constructivamente en el presente y futuro. Para ser fuertes en el presente, debemos dejar atrás el pasado. Las emociones negativas, tales como ira, envidia, odio y cinismo, también pueden ser muy agotadoras. Controlar estas emociones y no morar en el pasado, requiere un alto nivel de conciencia, constante autoanálisis y la capacidad de reenfocar los pensamientos. El reto es reconocer lo que estamos haciendo, mantener la perspectiva y cambiar el patrón. Es útil hacer cosas que puedan romper un patrón de comportamiento obsesivo, por ejemplo el ejercicio intenso o actividades de relajación como el yoga o unas vacaciones.

LISTA DE AUTOEVALUACIÓN

1 = Nunca   2 = Rara vez   3 = A veces
4 = Con frecuencia   5 = Siempre

Puntuación

	Puntuación
Trato los problemas y luego sigo adelante	
Reconozco y limito mis pensamientos sobre eventos negativos	
Rara vez reacciono con ira	
No odio a nadie	
Estoy feliz con lo que soy	
Tengo una visión optimista de la vida	
Creo que mi felicidad es mi responsabilidad	
No quiero ser alguien más	
Tengo actividades que alejan mi mente de los problemas	
Puntuación total / 45	

PLAN DE ACCIÓN

Mayor reto: _____

Deseo dejar de pensar en:

_____

_____

_____

Metas inmediatas:

_____

_____

_____

LECTURAS ADICIONALES

Goleman, Daniel. *Emotional Intelligence*. Bantam Books, 1995.

Goleman, Daniel (Narrador). *Destructive Emotions: A Scientific Dialogue with the Dalai Lama*. Bantam Books, 2003.

Dalai Lama. *How to Practice: The Way to a Meaningful Life*. Pocket Star, 2001.

Estrategia

6

No dejar que el miedo al fracaso lo detenga

El fracaso no siempre es un error, puede ser lo mejor que uno es capaz de hacer bajo determinadas circunstancias. El verdadero error es no intentarlo.

B. F. SKINNER

No dejar que el miedo al fracaso lo detenga significa:

Enfrentar sus temores.

No ser frenado por lo que piensan otras personas.

Asumir nuevos retos.

Poder siempre ser un principiante.

Seguir avanzando aún cuando las cosas no salen bien.

No significa:

Nunca tener miedo o estar avergonzado.

No preocuparse por el resultado.

Actuar sin pensar.

Hágase estas preguntas:

¿Dejo que el miedo al fracaso me impida intentar nuevos retos?

¿Me preocupo por lo que otras personas pensarán?

¿Me avergüenzo con facilidad?

¿Me siento bien dedicándome a nuevas actividades y siendo un principiante?

¿Si creo que si no puedo hacer algo bien, entonces no debería hacerlo?

¿Qué haría si no dejo que el miedo al fracaso me detenga?

El miedo al fracaso

El miedo al fracaso es muy poderoso; nos limita a lo largo de la vida y es el mayor obstáculo para alcanzar nuestro máximo potencial. Nos impide hacer lo que realmente queremos. También es inevitable porque, cada vez que intentamos algo nuevo, siempre existe la posibilidad de fracasar. Siempre queremos que todo salga bien y es natural preocuparse de que no sea así. Ese no es el problema. El verdadero problema surge cuando dejamos que un miedo desconocido nos impida actuar, y de este modo perdemos oportunidades. El reto es reconocer los miedos, pero no permitir que nos detengan. Como dice el refrán: "¿qué haría en la vida si supiera que no fracasaría?". Si no nos preocupáramos por el posible fracaso, con seguridad aprovecharíamos todas las oportunidades y tendríamos una vida distinta por completo. Si usted aprende a controlar su miedo, la posibilidad del fracaso no será un gran obstáculo, sólo otra inevitable parte de la vida que debe ser reconocida y superada.

Los beneficios de no dejar que el miedo al fracaso lo detenga son:

✦ No ignorará oportunidades y experiencias

✦ Aprenderá cosas nuevas toda la vida

✦ No será difícil manejar la crítica

Hay riesgos y costos por la acción, pero son mucho menores que la larga serie de riesgos de la cómoda inacción.

⌒ Presidente John F. Kennedy

No pierda oportunidades en la vida

La tendencia a querer estar seguro del resultado final es natural pero muy limitante. La necesidad de seguridad impide que nos situemos en posiciones de incertidumbre, una parte inevitable al asumir nuevos retos. Si el resultado es algo seguro, entonces no es en realidad un reto. Como resultado de la necesidad de tener el control, es fácil evitar correr riesgos en la vida. Optamos por "hacer lo seguro". Al final, esta actitud sólo limita las opciones e impide progresar. Pocas personas son grandes en algo desde el comienzo. Aprender a fondo algo difícil o nuevo requiere duro trabajo, tiempo y paciencia.

> Tom es un abogado exitoso que trabaja en una gran empresa. Siempre ha tenido el sueño de poseer su propia firma. Siempre les comenta a sus amigos que ese es su gran deseo. Sin embargo, el problema es que él nunca corre riesgos; evita dar los pasos necesarios para lograr lo que desea porque tiene miedo a fracasar.
>
> Miranda es una abogada con el mismo sueño. No obstante, ella sabe que abrir su propia empresa y hacerla exitosa nunca será algo seguro. Es consciente de que si no hace al menos el intento, nunca sucederá, así que pone manos a la obra y sigue adelante.

Tom no tiene la posibilidad de realizar su sueño si nunca intenta alcanzarlo. Miranda, a pesar de la probabilidad de fracaso, al menos tiene la posibilidad de lograr su anhelado objetivo. El costo de no perseguir un sueño es mucho mayor que el riesgo de fracasar.

La búsqueda de certeza bloquea la búsqueda de significado. La incertidumbre es la condición que impulsa al hombre a descubrir sus poderes.

⌒ Erich Fromm

Disfrute ser un principiante

Todos somos principiantes cada vez que intentamos algo nuevo. Cuando estamos jóvenes nos gusta hacer actividades nuevas. De algún modo, a medida que aumentamos de edad desarrollamos la creencia de que ser principiante es malo. Pensamos que al hacernos adultos ya no debemos ser principiantes. No hay nada de malo con serlo. En realidad, es algo bueno porque significa que estamos enfrentando nuevos retos; ampliamos nuestras capacidades y aprendemos más. Si a usted no le gusta ser principiante o se cohíbe por ello, ignorará nuevas experiencias. Aprenda a disfrutar esta condición y la oportunidad de experimentar cosas nuevas.

> Anne ha estado acostumbrada a hacer bien las cosas toda su vida. No considera ser una principiante, y cree que debe ser buena en todo desde el comienzo. Una amiga la anima a tomar clases de squash para aprender a jugar bien. Anne se da cuenta que el juego es muy difícil y cree que casi todos los otros estudiantes son mejores que ella, y por eso se retira frustrada después de un par de semanas.
>
> Barb también toma clases de squash y no es mejor que Anne para jugarlo. Igualmente, encuentra que es difícil y frustrante, pero reconoce que es principiante en esta actividad. Sabe que si le pone la suficiente dedicación, con el tiempo aprenderá a jugar bien, y lo hace. Al final se convierte en una buena jugadora.

Dependiendo de la actividad que inicie, puede ser un principiante por un corto período de tiempo. En algunos casos tal vez sea un principiante perpetuo. A pesar de estar involucrado en las artes marciales por más de veinte años y tener cinturón negro en judo y karate, sigo siendo un principiante. En las artes marciales, un cinturón negro tradicionalmente significa que uno es un estudiante "enseñable" y puede iniciar un entrenamiento serio. Nunca seré un "maestro" de artes marciales, siempre seré un principiante. Pero eso está bien; no importa, porque me estoy retando a mí mismo, aprendiendo nuevas habilidades, logrando crecimiento personal y divirtiéndome. ¿No se trata de eso la vida?

✦ Disfrute la experiencia de ser principiante

✦ Tenga paciencia —siga su propio ritmo—

✦ Sea capaz de reírse de usted mismo

Podemos aprender cosas nuevas en cualquier momento de la vida si estamos dispuestos a ser principiantes. Si aprendemos a serlo gustosos, el mundo entero se abre a nosotros.

⌐ *Barbara Sher*

Aprenda de la crítica, luego siga adelante

Además de tratar el miedo, debemos manejar la crítica, que es parte de la vida y a veces es muy constructiva. La opinión externa es necesaria y es útil escuchar lo que otros piensan y sienten respecto a nosotros. Sin embargo, la crítica también puede ser mordaz y devastadora emocionalmente, y la encontramos en todas partes —en la familia, los amigos y colegas—. Para algunas personas criticar a los demás es su principal propósito en la vida. La crítica es particular negativa cuando proviene de una fuente que respetamos. Es bueno escuchar la crítica y aprender de ella, pero no deje que lo desmoralice. Lo importante es aprender y seguir adelante. No permita que lo detenga.

¿Ha considerado desmoralizante que un profesor que usted respeta critique su trabajo repetidamente? ¿Esto lo motiva o desanima? Las críticas constantes sin elogios agotan la energía y hacen que nos esforcemos menos o renunciemos. Ninguna de estas opciones es buena. Incluso un comentario negativo inoportuno de un amigo puede herir enormemente.

En ocasiones será criticado, pero no debe dejar que esto lo controle. No le dé a nadie dicho poder sobre usted, y aprenda a manejar la crítica como "simples moscas zumbando a su alrededor".

Para evitar la crítica, no haga nada, no diga nada, no sea nada.

⌐ *Elbert Hubbard*

Incertidumbre –parte de cualquier reto–

La posibilidad del fracaso es lo que hace que algo sea desafiante. No es un reto si es fácil de hacerlo. Terminar un maratón se considera un reto porque es una meta difícil de alcanzar. Requiere de una gran dedicación, trabajo duro y tiempo. Quizás es imposible no tener miedo al fracaso o desconcierto, incluso si la persona es fuerte. La diferencia radica en que una persona fuerte no deja que el temor le impida actuar o al menos intentarlo.

Todos tenemos miedo en ocasiones. Cuestionamos nuestra capacidad, en especial cuando intentamos algo nuevo. El problema no es tener miedo, sino permitir que esa fuerza nos gobierne. A pesar de lo que dicen muchos libros de autoayuda, es bueno cuestionar su capacidad y dudar de sí mismo. Acepte que tendrá momentos de temor e incertidumbre, pero no deje que esto lo detenga.

✦ ¿Ha intentado dedicarse a una nueva actividad, encontrándola más difícil de lo que esperaba?

✦ ¿Se ha rendido frustrado?

> La medida esencial de un hombre no es dónde se sitúa en tiempos de comodidad y conveniencia, sino dónde se encuentra en tiempos de desafío y controversia.
> ⁓ *Rev. Dr. Martin Luther King, Jr.*

El centro de nuestro universo

Tenemos la tendencia a creer que otras personas constantemente están pendientes de nosotros esperando que fracasemos. No es así. A menos que seamos celebridades o políticos, la mayoría de nosotros no somos importantes para los demás. Incluso los sucesos que involucran a esos personajes públicos son olvidados con rapidez. A veces las cosas salen mal y nos sentimos avergonzados. Pero por lo general la atención sobre nosotros no dura mucho tiempo. La mayoría de personas están muy ocupadas con su propia vida para interesarse en los detalles de alguien más. Cada uno de nosotros es el centro de nuestro universo y vemos el mundo a través de nuestros propios ojos. Sin embargo, no somos el centro del universo de otro ser humano. Nadie ve el mundo de la misma forma que nosotros.

✦ ¿Las personas recordarán o les importará lo que usted haga el siguiente mes, año, o diez años a partir de ahora?

✦ ¿Realmente disfruta ver que a alguien no le va bien?

La vida es una serie de lecciones que deben ser vividas para ser entendidas.
⁓ Ralph Waldo Emerson

Dudar de nuestra capacidad

Sin importar la razón, puede ser difícil tener fe en nuestra propia capacidad. Es más fácil creer en las habilidades de otras personas que en las nuestras. Pensamos que los demás pueden alcanzar metas y hacer cosas maravillosas en sus vidas, pero nosotros no. Usted puede creer que su amigo tiene más capacidad atlética, su hermano es más inteligente, o que sus compañeros de trabajo son más productivos. En algunos casos es así, pero los demás no son necesariamente mejores que usted. A veces consideramos que lo son, y olvidamos que quizás ellos están pensando lo mismo de nosotros.

> Todos los que conocen a Grace piensan que es una persona muy positiva. Ella estimula a sus colegas, amigos y miembros de la familia para que alcancen metas. Quien la conoce disfruta su inquebrantable apoyo y fe. Grace ha querido publicar un libro durante tres años, pero la fe que tiene en los demás no la posee en su propia capacidad, de la cual duda constantemente. Sigue escribiendo, pero cree que nunca logrará la publicación. Como resultado, no trabaja con la suficiente dedicación, y por consiguiente es probable que nunca termine el libro.

Aunque Grace es una persona positiva con mucha fe en los que la rodean, no se da a sí misma el apoyo que necesita para hacer realidad sus sueños.

+ ¿Tiene más fe en los demás que en usted mismo?

+ ¿Cree que otras personas tienen más posibilidad de triunfar que usted?

+ ¿Ofrece a sus amigos estímulo positivo pero no a sí mismo? ¿Por qué?

No lograr todos los objetivos

No tenemos que lograr todo lo que intentamos, ni es realista esperar que sea así. En general no es una catástrofe no alcanzar una meta. La vida continúa sin mucho cambio y tendremos otras oportunidades. No lograr un objetivo es quizás una de las mayores lecciones que podemos recibir. Cuando no obtenemos todo lo que queremos, desarrollamos la capacidad de perseverar. A medida que aprendemos a manejar los contratiempos, aumentamos la capacidad de ignorarlos y superar obstáculos hacia futuros éxitos. La persona que ha tenido inconvenientes y perdido oportunidades, pero aún puede perseverar, es una persona muy fuerte. No siempre gana, pero toma parte y nunca será derrotada fácilmente.

Si estuviera perdido en el bosque, ¿a quién le gustaría tener como acompañante? ¿Desearía a la persona que ha aprendido a manejar los contratiempos y la adversidad, o a la que siempre le han salido las cosas como quería? Yo confiaría mucho más en quien ha conocido el fracaso sin dejar que esto lo detenga, en lugar de la persona que nunca ha ido más allá de cierto límite. Esperaría que quien ha experimentado el fracaso no sea fácilmente desalentado por las circunstancias. Ella o él seguirán intentándolo hasta encontrar el camino de salida.

Mañana, saldrá el Sol. Nunca sabemos lo que traerá la marea.
⁓ *Tom Hanks como "Chuck" en* Cast Away

La vida no es un deporte de espectadores

La victoria está en tomar parte, no en el resultado. El único "triunfo" en la vida es estar feliz y realizado, y mirar hacia atrás lo vivido con pocos pesares. Para lograrlo, debe tener las experiencias que realmente desea y tomar parte en las cosas que son importantes para usted. Uno de los problemas en la vida es la creencia de que todo se enmarca en "ganar o perder". No es así. La única pregunta es, ¿vivimos como queremos? No se trata de ser el mejor estudiante o atleta, o hacer la mayor cantidad de dinero. Siempre habrá alguien mejor en algo que nosotros, sin importar quiénes seamos. Los nuevos inventos serán mejor diseñados que los antiguos. Los récords atléticos serán rotos con el tiempo. Lo importante es tomar parte en la contienda. La meta no es sentarse en las líneas laterales y observar, sino luchar en el juego de la vida y hacer lo que más podamos. El verdadero fracaso ocurre cuando deja que sus temores lo mantengan en las líneas laterales.

> Es mucho mejor enfrentar el reto de cosas difíciles para lograr triunfos gloriosos, aunque accidentados por el fracaso, que estar al nivel de esos pobres espíritus que ni disfrutan mucho ni sufren mucho, porque viven en un crepúsculo gris que no conoce victoria ni derrota.
>
> — *Theodore Roosevelt*

Redefinir el fracaso

Debemos redefinir la palabra "fracaso". Es un término mal usado, y en la mayoría de casos incorrecto. Lo que una persona considera fracaso, para otra puede ser un éxito. El concepto puede significar muchas cosas: una lección, una etapa experimental, un contratiempo temporal o una oportunidad para mejorar.

+ ¿Es un fracasado el bebé que se cae mientras aprende a caminar?

+ ¿Es un fracaso correr un maratón más lentamente que lo planeado?

✦ ¿Es fracasada la persona que no terminó el maratón?

✦ ¿Es fracasada la persona que tiene un Ph.D. y no ejerce?

✦ ¿Es un fracasado quien perdió su empleo debido a la reestructuración de la empresa?

En todos estos ejemplos no hay fracaso en lo absoluto. Simplemente las cosas no salieron como la persona hubiera querido. No consiguieron su objetivo, pero es una gran injusticia llamarlos fracasados. No hay que avergonzarse por no alcanzar las metas. Puede ser sólo una parte del proceso en el camino hacia el éxito. Es mucho mejor no lograr un objetivo que vivir sin metas. En lugar de decir que fracasó, sólo diga "las cosas no salieron como quería pero sigo trabajando en ello".

> Joe y Sandy obtienen la misma calificación A en un examen en la universidad. Joe está emocionado porque le fue bien, mientras Sandy se encuentra devastada por no lograr un A+. Joe considera un éxito la calificación, pero para Sandy es un fracaso.

¿Alguien fracasó realmente? A Sandy no le fue tan bien como quería, pero no es una fracasada.

> **Si no se rinde, ni hace trampa, ni corre a casa cuando surgen problemas, sólo podrá ganar.**
> ⁓ *Shelley Long*

Tomar medidas –un paso a la vez–

El primer y más importante paso al tratar el miedo es actuar de algún modo. El temor causa parálisis y podemos tener miedo de hacer algo. Es como estar atrapado en arenas movedizas y no dar un paso por temor a que empeore la situación hundiéndonos más. Pero si no nos movemos, nunca saldremos. Cuando tenga miedo, debe hacer algo al respecto. Una vez que actúe de algún modo, cambiará la dinámica de la situación. En principio parece desalentadora la idea de intentar conseguir el trabajo soñado, pero una vez que se empiezan a dar los pasos hacia el objetivo, el miedo disminuye. Usted puede inscribirse para un curso, actualizar su información personal o unirse a personas con sus mismos objetivos. Si no hace algo, el temor sigue siendo igual. El primer paso siempre es el más difícil, pero a veces debemos cerrar los ojos y darlo.

> Durante muchos años Nancy ha querido correr en una maratón, pero duda si alguna vez podrá enfrentar una carrera tan larga. Nunca ha corrido más de siete millas; ha participado en algunas competencias de 5 km. y 10 km. Pero a medida que mejora su rendimiento y corre cada vez más, su confianza aumenta lentamente. Cada vez que corre mayores distancias, la maratón se torna más en realidad. La confianza de Nancy cambia mientras disminuye la distancia entre lo que puede correr ahora y lo que debe cubrir en la maratón. Su primer avance significativo es cuando compite en su primera media maratón. Después de correr en dos ocasiones se siente preparada para entrenar en pos de la maratón. Finalmente participa y finaliza.

Si algún día desea correr una maratón, 26 millas pueden en principio parecer una distancia imposible. Sin embargo, una vez que comience a entrenar y progresar, el miedo a esa distancia cada vez será menor, y aumentará la confianza en su capacidad. El miedo al fracaso es natural, en especial cuando se enfrenta una nueva actividad. No obstante, a medida que acorta el espacio entre su posición actual y donde quiere estar, disminuye el temor de fracasar. Cuando dé un paso en la dirección correcta, sentirá una diferencia notable. Entre más pasos dé, más cerca estará de la meta y mayor será su confianza.

> **La incertidumbre y el misterio son energías de la vida. No deje que lo atemoricen indebidamente, porque mantienen a raya el aburrimiento y despiertan la creatividad.**
> ~ *R. I. Fitzhenry*

Cuando sentimos que "no encajamos"

A veces abandonamos una actividad rápidamente si sentimos que no pertenecemos a ella. Podemos justificar el hecho de renunciar a algo después de llegar a la conclusión de que no encajamos con las otras personas que están involucradas en tal actividad. Terminamos diciendo: "eso no es para nosotros". Es natural ser aprensivo al principio y sentirse fuera de lugar. Esto es parte de la experiencia de ser un principiante. Pero si nos enfocamos en la idea de que no encajamos con otras personas, la probabilidad de seguir adelante es mínima. No deje que esto lo detenga. Lo importante es entender lo que sucede: la inquietud por una necesidad de pertenencia y el deseo de acoplarse, versus la incomodidad natural de ser un principiante. La sensación de pertenecer o estar a gusto puede tomar tiempo. Déle a cada nuevo reto tiempo suficiente y deténgase sólo por razones valederas, como ya no tener interés en la actividad. Esto requiere mucha paciencia.

+ ¿Ha abandonado algo después de decidir que simplemente no es para usted?

+ ¿Ha mirado atrás y deseado haberlo intentado más tiempo?

Katherine y Megan se unieron a un club de baile. No conocían a nadie ahí y estaban intimidadas. Se preguntaron si realmente pertenecían a ese lugar. Luego de un mes, Katherine decidió que "no encajaba" y se retiró del club. Megan decidió quedarse más tiempo y finalmente se sintió a gusto en el club. Aún se siente un poco desubicada, pero no deja que eso interfiera con su deseo de aprender a bailar.

Haz lo que temes hacer y la muerte del miedo será segura.

— Ralph Waldo Emerson

"Sienta el miedo y actúe de todos modos"

Para decidir si debe o no intentar algo, tiene que determinar si el miedo al fracaso es lo único que lo detiene. Si esta es la principal razón detrás de su duda, entonces es conveniente ignorarla y seguir adelante. Un buen consejo es enfrentar los miedos. Confrontar las cohibiciones es la forma más fácil de eliminarlas. Hay dos beneficios inmediatos al hacerlo: primero, encontrará que el temor quizás no era tan grande como pensaba originalmente, y segundo, averiguará que usted es mucho más fuerte de lo que creía. Son dos buenas lecciones que deben ser aprendidas.

> Cualquier cobarde puede luchar en una batalla cuando está seguro de ganar, pero muéstreme el hombre que tiene valor para luchar cuando está seguro de perder. Eso es lo que pienso, señor; y hay muchas victorias peores que una derrota.
>
> ⌐ *George Eliot*

Combinar valor con juicio

Enfrentar los miedos no significa ignorar su seguridad y saltar ciegamente a las cosas. No estamos destinados a hacer todo lo que se cruza en nuestra mente. Si ese fuera el caso, todos estaríamos saltando de aviones y escalando montañas, sin pensar mucho en nuestra seguridad. El juicio también debe entrar en juego. Hay un tiempo y lugar para cada cosa. A veces, saltar de un avión no es una de nuestras prioridades en el momento. No enfrente sus miedos a ciegas ni haga las cosas sin prepararse adecuadamente. La clave es encarar los temores "verdaderos" y estar preparado para ellos. Si decide ir a escalar el monte Everest, deberá estar en buena forma, tener un guía experimentado y saber qué cosas se pueden presentar. Sólo usted puede decidir cuáles son los temores verdaderos que enfrentará.

Nuestra mayor gloria no radica en nunca caer, sino en levantarnos cada vez que caemos.

— *Confucio*

Ser abierto a la gente

Uno de los efectos secundarios ocasionados al preocuparse por lo que otras personas piensan de nosotros. Por tal razón nos encerrarnos en nuestro pequeño mundo, en lugar de relajarnos y actuar de manera natural. Nos aislamos de los demás, y de este modo perdemos oportunidades de relacionarnos con otras personas, lo cual es para la mayoría de nosotros una parte importante y agradable de la vida. Muchos son felices sólo cuando están relacionados con la gente.

Un gran número de personas permanecen aisladas de los demás contrariando sus deseos.. ¿Casualmente ha iniciado una conversación con un extraño para luego quedar en silencio? Esto puede suceder en cualquier momento y lugar; cuando hablamos con alguien en la fila del supermercado o la persona que está sentada al lado en el avión. Todos los días tenemos oportunidades para interactuar con los demás y hacer nuevos amigos. En lugar de eso, preferimos cerrarnos a la gente. Como resultado, ignoramos nuevas posibilidades y experiencias. ¿No sería la vida más interesante y llena de posibilidades si somos abiertos a los demás?

> Cada amigo representa un mundo en nosotros, un mundo que quizás no nacerá hasta que ellos lleguen, y únicamente por tal encuentro este nuevo mundo existirá.
>
> — *Anaïs Nin*

Consejos de preparación

1. Identifique sus verdaderos temores.

2. Haga un plan para enfrentarlos.

3. Haga una lista de las cosas que haría si supiera que no fracasará —puede ser una lista larga—.

4. Mantenga en perspectiva los temores —minimícelos, no los haga más grandes de lo que realmente son—.

5. Reconozca los pensamientos negativos y aprenda a ignorarlos.

6. Dedíquese a algo que lo atemorice, por ejemplo un baile difícil o hablar en público.

7. Recuerde siempre que la victoria radica en tomar parte, no en triunfar.

8. Establezca el hábito de siempre ser el que participa, sin importar en qué.

9. Esté abierto a conocer nuevas personas —no le tenga miedo a la gente—.

Resumen

El miedo al fracaso o desconcierto nos impide enfrentar nuevos retos a lo largo de la vida. Como resultado, perdemos muchas oportunidades y no experimentamos nuestro máximo potencial. En cualquier reto existe la posibilidad de tener un resultado indeseado. Muchas personas tienden a necesitar certeza y a "hacer lo seguro". Lo importante es aceptar que las cosas no siempre salen como lo planeamos, sin considerar esto como una catástrofe en la vida. Podemos hacerlo redefiniendo el fracaso. Sólo es fracaso si lo determina de esa manera. En lugar de considerar algo como un fracaso, véalo simplemente como un objetivo no cumplido. Aprenda de la experiencia, reevalúe las opciones y siga adelante. A pesar de lo que tal vez piense, el mundo no está siempre observándolo para ver si fracasa. La mayoría de personas están muy ocupadas con sus propias vidas.

También debe aceptar y disfrutar ser un principiante, pues lo será cada vez que intente algo nuevo. Si aprende a ignorar el miedo al fracaso y a disfrutar el hecho de ser un principiante, estará abierto a las muchas oportunidades que la vida ofrece.

1 = Nunca   2 = Rara vez   3 = A veces
4 = Con frecuencia   5 = Siempre

	Puntuación
No dejo que el miedo al fracaso me detenga	
Disfruto dedicarme a nuevas actividades	
Me reto a mí mismo cada día	
Puedo dejar a un lado el miedo	
No me avergüenzo con facilidad	
Me reto a mí mismo aunque pueda hacer mal las cosas	
Intento cosas en las que ya he fracasado	
Estoy abierto a nuevas personas en mi vida	
No dejo que la crítica me afecte	
Acepto y disfruto ser un principiante	
Puntuación total / 50	

LISTA DE AUTOEVALUACIÓN

PLAN DE ACCIÓN

Mayor reto: _____

Mi peor temor es: _____

Mis más grandes temores son:

_____

_____

_____

Las nuevas actividades que quiero intentar son:

_____

_____

_____

Metas inmediatas:

_____

_____

_____

LECTURAS ADICIONALES

Davidson, Jonathan y Henry Dreher. *The Anxiety Book.* Riverhead Books, 2003.

Jeffers, Susan. *Embracing Uncertainty.* St. Martin's Press, 2003.

———. *Feel the Fear and Do It Anyway.* Ballantine Books, 1987.

Knaus, William J. *Do It Now.* Edición revizada, John Wiley & Sons, Inc., 1998.

Manz, Charles C. *The Power of Failure.* Berrett-Koehler Publishers, Inc. 2002.

Stolz, Paul G. *Adversity Quotient.* John Wiley & Sons, Inc., 1997.

Estrategia

7

Ser responsable de sus elecciones

*La tensión entre libertad y restricción
será sentida en cada elección que hagamos.
Pero la decisión predominante para cada uno de
nosotros es si estamos dispuestos a asumir
la responsabilidad del camino que elegimos.*

J. M. Kouzes y B. Z. Posner, *Credibility*

Hacer elecciones responsables significa:

Entender por qué hicimos una elección.

Defender nuestras elecciones.

No culpar a los demás.

Asumir la responsabilidad de nuestras acciones.

Poder distinguir claramente entre elección y destino.

No significa:

No arrepentirnos de las decisiones de vez en cuando.

No atormentarnos por nuestras elecciones.

El destino y la suerte no juegan un papel en nuestra vida.

Hágase estas preguntas:

¿Hago elecciones "conscientes" (aquellas que reconozco y de las cuales asumo la responsabilidad)?

¿Soy responsable de mis acciones?

¿Reconozco cuando estoy equivocado?

¿Puedo distinguir claramente entre elección y destino?

¿Creo que mi situación en este momento de mi vida es el resultado de las elecciones que he hecho a lo largo de mi existencia, o culpo a los demás?

Elecciones y responsabilidad

La vida es en su mayor parte un proceso de elecciones. Todos los días estamos inmersos en un constante juego de "¿escojo esto o aquello?, ¿tomo hacia la derecha o la izquierda?". Algunas elecciones son menores, tales como qué ropa usar en el día, y otras son importantes, por ejemplo la carrera a seguir, casarse o el lugar donde vamos a vivir. Nos atormentamos por muchas de nuestras elecciones. Rara vez sabemos si las decisiones tomadas son las "correctas", pues nunca sabremos a dónde nos pudo haber guiado una elección diferente. Algunas personas no asumen una verdadera responsabilidad por las elecciones que hacen. Es importante aceptar las decisiones que tomamos y llevar una vida basada en la responsabilidad personal. No intente huir de sus decisiones ni buscar excusas para justificarlas. Es preciso aceptar que gran parte de su vida es el resultado de las elecciones que ha hecho.

Los beneficios de hacer elecciones y ser responsables de ellas son:

✦ Tendrá una vida consciente acorde con sus sentimientos y deseos, y asumirá la responsabilidad de sus decisiones

✦ Tendrá los medios para ser feliz

✦ El futuro está en sus manos

Frank y Adrian tenían que asistir a una reunión de personal a las 8 A.M. Frank llegó tarde porque tomó su tiempo para levantarse y desayunar. Cuando llegó a la reunión, se disculpó y ofreció varias excusas, pero no asumió una verdadera responsabilidad personal.

Adrian también llegó tarde debido a un accidente de tránsito que bloqueó la autopista. Se disculpó por la tardanza, pero no buscó excusas.

Adrian acepta las consecuencias de sus acciones y asume la responsabilidad. Frank no lo hace.

Nuestras elecciones son las que muestran lo que en realidad somos, mucho más que nuestras capacidades.

⁓ *J. K. Rowling,* Harry Potter y la Cámara Secreta

Elecciones conscientes

Si somos conscientes de nuestras elecciones y realmente nos responsabilizamos de ellas, tendremos una vida "consciente". Tomamos decisiones todo el tiempo, pero a veces la elección no es consciente. Lo es cuando ha considerado las opciones cuidadosamente y luego ha tomado una decisión "suya", aceptando por completo las consecuencias. Una elección "inconsciente" se da cuando no pensamos a profundidad en lo que estamos haciendo en el momento. No consideramos ni aceptamos todas las consecuencias posibles. Como resultado, vemos en retrospectiva la elección como si en realidad no la hubiéramos tomado. A veces no ponemos suficiente atención al hecho de que estamos tomando una decisión que puede tener grandes consecuencias más adelante.

Haga elecciones conscientes y sea responsable de todas sus decisiones. Esto no significa que en ocasiones no se arrepienta de ellas. La idea es aceptar que fue su decisión en ese momento; tuvo sus razones para tomarla. Si no se responsabiliza de sus decisiones en la vida, aceptando que fueron "suyas", es improbable que tome nuevas decisiones para ser feliz en el futuro. Las personas que no asumen la responsabilidad de sus elecciones, tienden a ir por la vida sintiéndose mártires, creyendo que el mundo está en contra de ellas.

Ted tiene unos cuarenta años y ha pasado de una relación a otra durante los últimos diez años. Ha tenido problemas con sus parejas toda la vida. La mayoría de sus relaciones están llenas de conflictos y terminan bastante mal. Sus amigos no entienden por qué se involucra con mujeres muy diferentes a él, y no se sorprenden en lo absoluto cuando la relación acaba. Ted no ve sus relaciones como elecciones que ha hecho. Piensa que simplemente "se dan". Como consecuencia de no aceptarlas como elecciones suyas, es improbable que cambie su conducta, y continuará pasando de una mala relación a otra.

Ted necesita hacer un buen análisis de lo que sucede, aceptar que hace malas elecciones y tratar de cambiar el patrón de comportamiento. Debe asumir su responsabilidad.

Tal vez usted haya preguntado a sus amigos por qué decidieron casarse, tener hijos o seguir una determinada carrera, y su respuesta ha sido: "simplemente sucedió". En realidad no la consideraron una elección en ese momento. Para ellos no fue una decisión "consciente" ni pensaron en los posibles resultados. Si no somos dueños de nuestras decisiones, podemos tener una vida muy infeliz, ignorando el hecho de que somos los únicos responsables del camino que seguimos. Y ya que no asumimos la responsabilidad de nuestra situación actual, es improbable que tengamos la capacidad de cambiar las circunstancias. Sólo cuando asumimos una total responsabilidad de las consecuencias de nuestras acciones, podemos hacer las cosas de manera diferente.

> Si pudiéramos patear a la persona responsable de la mayoría de nuestros problemas, no nos sentaríamos durante un mes.
> — *Anónimo*

La felicidad depende de sus acciones

La felicidad en la vida está directamente relacionada con las elecciones que tomamos. Algunas decisiones conducen a la felicidad, otras a la tristeza. Casi todo lo que hacemos son elecciones que guían a la satisfacción o al descontento. Decidimos a qué hora levantarnos en la mañana, qué comer, qué vestir, cuáles libros leer, cuáles amigos tener, qué relaciones alimentar, qué carrera seguir, a qué pasatiempos dedicarnos y cuándo tener una familia. Todas son elecciones hechas a diario. Todos los días enfrentamos un juego constante de "¿tomo hacia la derecha o a la izquierda?". Muchas de nuestras elecciones no son fáciles. Muchas tienen sus ventajas y desventajas. Esto puede conducir a un constante cuestionamiento de nosotros mismos, y nos preguntamos si estamos tomando las decisiones correctas o habríamos sido más felices tomando una elección diferente. Acepte que si no es feliz con su actual vida, entonces depende de usted hacer nuevas elecciones para cambiarla.

> **No podemos controlar ningún resultado, sólo las elecciones que hacemos a lo largo del camino.**
> ⁓ *Stephen C. Paul*

Sus elecciones determinan su futuro

Las elecciones que toma hoy determinarán su futuro mañana, la semana siguiente, el año siguiente y diez años adelante. Siempre hay un vacío entre la situación que deseamos en el futuro y nuestra situación actual. El reto es tender un puente sobre él para llegar a esa meta. El tiempo y soñar despierto rara vez lo consiguen, a menos que el objetivo sea envejecer. Tender un puente sobre el vacío requiere acciones de su parte, elecciones que se deben hacer para alcanzar el destino futuro. Si no toma decisiones que nos acerquen a la meta, entonces el vacío no se acorta y seguirá siendo igual.

Si reconoce que su situación actual es la suma de las elecciones que ha hecho en el pasado, entonces podrá ver claramente que las elecciones del presente determinarán su futuro. Este es un concepto liberador y poderoso. Lo coloca en control de la vida y le da la capacidad de labrar el futuro, y si es infeliz con la vida actual, significa que tiene la oportunidad de cambiarla. Piense honestamente en su situación actual y lo que desearía en el futuro. Si quiere que el futuro sea diferente, entonces tome medidas ahora. Haga nuevas elecciones —las que le brinden una vida diferente—.

✦ ¿Qué puede hacer hoy que tenga impacto sobre su mañana?

✦ ¿Cómo determinará sus elecciones su calidad de vida mañana, la semana siguiente, el año siguiente y diez años *después*?

El destino no es azar, es un asunto de elección. No es algo que se debe esperar, sino algo que debe ser alcanzado.
— *William Jennings Bryan*

Destino versus elección

Por supuesto, la vida no está totalmente determinada por nuestras elecciones. No tenemos control sobre el clima, el lugar donde nacemos, los atributos físicos y muchos problemas de la vida que aparecen en el camino. Podemos nacer en medio de la riqueza o en la pobreza absoluta. Nadie puede asegurar cuánto tiempo vivirá ni controlar las acciones de los demás. Todos somos vulnerables a la suerte en ocasiones, y esto puede ser muy injusto. El gran error surge cuando pensamos que debido a no poder controlar todo, abdicamos la responsabilidad de lo que podemos hacer. Algunos adoptan la actitud de no poder controlar nada; creen que la vida está fuera de sus manos por completo, y que todo corresponde al destino. Si pensamos así, ¿qué incentivo tendremos para dirigir la vida y elegir nuestro camino?

Como se ha dicho con frecuencia, "no siempre podemos cambiar lo que sucede, pero sí elegir la forma en que respondemos a tales sucesos". Siempre tenemos elecciones. En la historia hay numerosos ejemplos de personas que, a pesar de enfrentar una gran adversidad, tomaron la decisión apropiada y salieron adelante. La elección está entre "superar" las circunstancias o dejar que nos venzan. ¿Qué haría usted? ¿Quiere que la vida lo venza y arrastre río abajo, o prefiere ser el capitán de su barco? Una vida basada en la responsabilidad se fundamenta en el poder personal y el autodeterminismo. La clave es distinguir entre el destino, que simplemente debemos aceptar, y la elección personal, que podemos controlar. No culpe al destino cuando en realidad es su elección, y no se culpe a sí mismo si no tenía control sobre el resultado. Como dice el refrán, "controla las partes de la vida que puedes, y aprende a aceptar el resto".

> Quienes vivimos en campos de concentración, recordamos a los hombres que pasaban por los cobertizos consolando a los demás, regalando su último trozo de pan. Pueden haber sido pocos, pero ofrecieron suficiente prueba de que todo puede ser quitado de un hombre menos una cosa: la última de las libertades humanas —elegir la actitud en un determinado juego de circunstancias—.
>
> ⁓ *Viktor Frankl*

Nadie nos debe nada

El mundo no nos debe el éxito y la felicidad. Nadie tiene esta obligación con nosotros, ni tampoco el poder de hacerlo (a pesar de lo que a veces pensamos). La capacidad de ser feliz está, en su mayoría, en las manos de cada persona. Si queremos que suceda algo en nuestra vida, depende de nosotros que así sea, por medio de las elecciones que hacemos. No le dé a nadie el control sobre *su* felicidad.

Algunos ven el mundo como una lucha por sí mismos y sus "derechos", y gastan gran parte de su energía en este constante conflicto. Tenemos derechos legales en la sociedad, pero no derechos de "vida". No hay que enfocar la vida exigiendo derechos; es mucho mejor ver lo que nos llega como un privilegio. Quienes viven basados en sus derechos, usualmente se ubican a sí mismos en una posición de superioridad sobre los demás. ¿Ha visto personas discutiendo por sus derechos, por ejemplo, intimidando a una camarera para que les dé un trato preferencial en un restaurante, o colocándose al frente de una fila en lugar de esperar su turno? Estos individuos creen que las reglas que los demás cumplen no están hechas para ellos. Trate de no enfocarse en la vida exigiendo derechos. En lugar de eso, vea las cosas con agradecimiento porque tiene la oportunidad de hacer elecciones.

> El diez por ciento de la vida es lo que nos sucede, y el noventa por ciento la forma en que respondemos a ello.
> ⟿ *Charles Swindoll*

Tomar decisiones significa hacer elecciones

Al tomar decisiones, escogemos entre opciones y eliminamos la(s) que descartamos. Cambiamos una opción por otra. La dificultad radica en que debemos renunciar a algo. Si elegimos la carrera de leyes en la universidad, no podemos estudiar medicina. No podemos comer todo lo que aparece en el menú, ni ver dos películas al mismo tiempo, ni casarnos con dos personas. Al hacer una elección, inevitablemente debemos descartar algo. Esta es la realidad de las elecciones.

Cuando usted va a decidir qué carrera seguir, tiene varias opciones. ¿Sigue la profesión que le garantizará empleo, la que le parece más interesante, o la que sus padres quieren? Cada una de estas opciones tiene posibles resultados buenos y malos, y sin importar cuál escoja, puede arrepentirse más adelante. Sin embargo, tiene que elegir algo, descartar otras opciones y vivir con su decisión.

> Solía ver a mi hermana y su esposo cuando le enseñaban a mi sobrina Kristine lo que son las elecciones y la responsabilidad. Desde que Kristine era muy niña, se le pedía decidir qué ropa quería usar en el día. Le preguntaban, "¿quieres usar el vestido rojo o el verde?". La idea era que, una vez hecha la elección, no se le permitía cambiar de parecer y escoger el otro color, algo que ella trataría de hacer.

Al igual que Kristine, siempre nos inquieta pensar que habríamos sido más felices si tan solo hubiéramos elegido el otro vestido. Pero, de todos modos, nunca lo sabremos; entonces por qué perder tiempo y energía preocupándonos por eso. Acepte las opciones tomadas y descartadas, y siga adelante con su vida.

> El remordimiento por las cosas hechas puede ser moderado con el tiempo. Lo inconsolable es el remordimiento por las cosas que no hicimos.
> — *Sidney J. Harris*

Hacer las elecciones de acuerdo con los valores y objetivos

Al hacer elecciones, la primera consideración que debe tenerse en cuenta es, "¿se ajustan a mis valores y objetivos?". Los valores, objetivos y las elecciones deben estar alineados. Si este no es el caso, hay un problema en algún lugar. Tal vez ha identificado mal los valores, los objetivos no se pensaron a profundidad o sus prioridades han sido nubladas. No vaya por la vida como una "contradicción andante". Haga las elecciones de acuerdo a sus creencias. Si la familia es más importante que su carrera, entonces esa debe ser la prioridad.

> Uno de los principales valores de Suzanne es la salud y su meta es correr una maratón. Pero las elecciones que ella hace no se ajustan a su valor u objetivo. No tiene un estilo de vida muy saludable ni hace el entrenamiento requerido para algún día correr en una maratón. No hay una conexión entre su valor, su meta y sus elecciones. Podría haber varias razones para esto. Tal vez la salud no es un valor principal, su meta de correr en una maratón no es un objetivo serio, o ella tiene una mala autodisciplina.

Pregúntese a sí mismo si las elecciones que hace se ajustan a sus valores y su dirección. ¿Desvían el camino ligeramente o lo llevan en otra dirección?

+ ¿Su objetivo es tener una relación amorosa, pero sigue en una relación llena de conflictos?

+ ¿Odia su trabajo, pero hace poco esfuerzo para cambiarlo?

+ ¿Le gustaría estar más cerca de su familia, pero no se esfuerza por verla?

+ ¿Desea vivir en otra parte, pero nunca intenta salir de donde está?

+ ¿Quiere estar más saludable, pero no hace cambios en su dieta o actividad física?

> Ser uno mismo —en un mundo que hace todo lo posible, día y noche, para que seamos como los demás— significa luchar en la más dura batalla que un ser humano pueda enfrentar; y nunca deja de luchar.
>
> — *e. e. Cummings*

Al tomar decisiones importantes

Todos tomamos decisiones a nuestro modo y debido tiempo. Sin embargo, hay dos grandes errores que son comunes. Uno, no tomarse el tiempo y precipitar la decisión; y dos, no pensar en ella bajo un estado claro de conciencia. Las decisiones que se toman con rapidez y no se reflexionan el tiempo suficiente, pueden ser muy lamentadas después. Las decisiones importantes no deben ser apresuradas. Tome su tiempo para pensar, en especial si la elección es difícil y no está clara para usted. Si es posible, descanse, duerma y decida al día siguiente. Las opciones pueden ser vistas muy diferentes en la mañana.

El segundo error cometido es tomar una decisión teniendo un estado emocional adverso. Esto sucede cuando estamos cansados física o emocionalmente. Es difícil pensar con claridad en las opciones y todas las consecuencias de cada una. Las decisiones tomadas bajo estas circunstancias pueden ser lamentadas en el futuro. Antes de tomar una decisión importante, asegúrese de haber analizado todas las opciones claramente con un apropiado estado de conciencia. Esto significa que esté relajado y le dé al asunto la atención que merece. Tenga la seguridad de que la decisión que tomó tuvo la adecuada consideración y su completa atención.

> A menudo es difícil distinguir entre los golpes duros de la vida y los que brindan oportunidades.
> — *Frederick Phillips*

Consejos de preparación

1. Distinga con claridad entre elección y destino en todas las situaciones.

2. Cuando vaya a tomar una decisión, pregúntese si está dispuesto a aceptar todas las posibles consecuencias.

3. Tome su tiempo para las decisiones importantes.

4. Asegúrese de pensar con conciencia cuando tome decisiones importantes.

5. Use sus valores como la base de las elecciones.

6. No saque excusas por sus elecciones.

7. Reconozca que todos tenemos problemas —nadie tiene una vida totalmente encantada—.

8. No tenga miedo de decir que cometió un error.

Resumen

Hacemos elecciones todos los días, algunas menores, tales como la hora de levantarnos en la mañana, y otras de mayor importancia, como la carrera a seguir o cuándo tener una familia. Debemos reconocer que nuestra situación actual es la suma de las elecciones del pasado, y cómo estaremos mañana, el año siguiente, diez años adelante, será el resultado de las elecciones hechas hoy y en el futuro. Si usted puede aceptarlo, reconocerá que tiene el control sobre la mayor parte de su vida. A todo momento debe ser consciente de las elecciones que hace y totalmente responsable de ellas. Esto significa que cuando vaya a tomar una decisión, es necesario que piense en las opciones con cuidado, haga su elección y acepte por completo las consecuencias. Las elecciones también deben ajustarse a sus valores y objetivos. Si están en conflicto, necesita reevaluarlos. Otro elemento importante es distinguir siempre entre elección y destino —eventos sobre los que no tenemos control—. Aprenda a manejar las partes de la vida que puede controlar, y no pierda tiempo y energía en los eventos que están fuera de sus manos.

LISTA DE AUTOEVALUACIÓN

1 = Nunca   2 = Rara vez   3 = A veces
4 = Con frecuencia   5 = Siempre

	Puntuación
Puedo distinguir claramente entre destino y elección	
Hago elecciones conscientes, sabiendo muy bien las consecuencias	
Mis elecciones reflejan mis valores y objetivos	
No necesito sacar excusas por mis elecciones	
Cuando hago una elección, me aferro a ella	
Las personas son responsables por sus elecciones	
Puntuación total / 30	

PLAN DE ACCIÓN

Mayor reto: _____

Principales debilidades:

_____

_____

_____

Metas inmediatas:

_____

_____

_____

LECTURAS ADICIONALES

Beattie, Melody. *Choices.* HarperSanFrancisco, 2002.

Branden, Nathaniel. *Taking Responsibility.* Simon & Schuster, 1996.

Glasser, William. *Choice Theory.* HarperPerennial, 1998.

Estrategia

8

Disfrutar
la soledad

Cuando no soportamos estar solos, significa que no valoramos la única compañía que tenemos desde el nacimiento hasta la muerte —nosotros mismos—.

EDA LESHAN EN *NEWSDAY*

Disfrutar la soledad significa:

Disfrutar nuestra propia compañía.

Dedicar tiempo para estar solo.

No rodearnos de personas que agotan nuestra energía.

Poder sobrevivir tiempos en que quedamos inesperadamente solos.

No significa:

Vivir solos a todo momento.

No le gusta la gente.

No depender de otras personas.

Hágase estas preguntas:

¿Cada día paso tiempo solo?

¿Disfruto la soledad?

¿Dedico tiempo para estar solo y reflexionar sobre mis acciones y mi vida?

¿Podría disfrutar solo unas vacaciones de dos semanas?

¿He permanecido en una relación que agotaba mi energía, en lugar de estar solo?

¿Hay actividades que desearía hacer, pero las ignoro porque no tengo quién me acompañe a hacerlas?

Estar solo

Tenemos una vida con otras personas y con nosotros mismos. Somos animales sociales y solitarios. Debemos estar a gusto en las dos condiciones. A fin de cuentas, vivimos solos, ya que nadie mora dentro de nuestra mente. Muchos encuentran muy difícil y problemático estar solos, mientras otros valoran y disfrutan en grande esta situación. Algunas personas están tan acostumbradas a siempre tener a alguien al lado, que no pueden vivir solas. No necesitamos pasar nuestra vida como un ermitaño, pero debemos sentirnos a gusto con la soledad. No importa si nos gusta o no estar solos, pero sí sentirnos agradables con tal condición.

Los beneficios de estar solo son:

+ Tendrá tiempo para el pensamiento profundo y la autoreflexión
+ Será una persona más independiente
+ Tendrá tiempo para cuidarse a sí mismo
+ Tendrá tiempo para mermar el ritmo de la vida
+ No estará rodeado de personas que agotan su energía

Allan y Jason trabajan para la misma empresa. Allan fue enviado a Los Ángeles a un proyecto de trabajo de un mes, y Jason fue enviado a Chicago. Allan no le gusta estar solo y piensa que un mes en Los Ángeles es como una condena. Aunque nunca antes ha estado en esa ciudad, no le interesa explorarla ni se esfuerza por conocer mejor a las personas que trabajan con él. Él prefiere pasar todas las noches en la habitación del hotel, hablando por teléfono con sus viejos amigos, y cuenta los días que faltan para que termine su "sentencia de prisión". Al final del mes está emocionado por su regreso.

Jason disfruta pasar algún tiempo solo y está contento en Chicago. Ve esto como una gran oportunidad para aventurar por la ciudad, y está resuelto a sacar el máximo provecho de la situación. Se esfuerza por relacionarse con sus compañeros de trabajo y todas las noches sale a explorar un sitio diferente. También se hace miembro de un gimnasio cerca a su hotel. Pasa un mes maravilloso, y al terminar el trabajo asignado, no quiere regresar a su ciudad natal.

¿Qué persona sería usted? ¿Disfruta lo mejor posible del tiempo en que está solo o lo desperdicia?

Aprenda a estar solo. No pierda la ventaja de la soledad.
— *Sir Thomas Browne*

Tiempo para pensar y la autoreflexión

Todos necesitamos tiempo para pensar claramente. Para hacerlo, debemos estar solos. El tiempo en soledad brinda la oportunidad que necesitamos para pensar a profundidad en asuntos que estamos enfrentando, o puede ser tiempo para la autoreflexión. Necesitamos tiempo para reflexionar sobre nuestra vida, de tal forma que podamos continuamente aumentar la comprensión del mundo y lo que somos. Estar solo también da la oportunidad de pensar en muchas cosas que de otra manera evitaríamos. Quizás la mayor inquietud que surge al pasar tiempo a solas, es descubrir qué tan felices o tristes somos en la vida, algo que muchos evitan o no quieren encarar. Sin embargo, es necesario enfrentar la situación para identificar cómo nos sentimos y determinar si se requieren cambios en la forma de vivir. Quienes no dedican tiempo para estar solos y pensar, ignoran un método importante para desarrollar en autoconocimiento. También pierden el tiempo apropiado para pensar a profundidad antes de tomar decisiones importantes.

Megan y Shannon son dos gemelas de quince años de edad. Megan siempre ha sido muy sociable y tiene muchos amigos. Ha crecido pasando poco tiempo a solas. Shannon es sociable pero también disfruta pasar el tiempo a solas leyendo y dando caminatas. A diferencia de su hermana, no siente la necesidad de estar constantemente con otras personas.

¿Cuál de las dos probablemente se conocerá más a sí misma?

Aprenda a entrar en contacto con el silencio interior, y sea consciente de que todo en esta vida tiene un propósito. No hay errores ni casualidades. Todos los eventos son bendiciones dadas a nosotros para aprender.

⌐ Dr. Elisabeth Kübler-Ross

Desarrollar la independencia

Estar solo es un componente necesario para desarrollar la independencia, que es una fuente importante de fuerza personal. Esto significa que podemos vivir con autonomía, sin tener la necesidad de siempre estar rodeados por otras personas. Significa que podemos escoger cómo deseamos pasar el tiempo y, más importante aun, con quién. Podemos elegir estar solos o con otras personas. Ya no tendemos a buscar compañía sólo por evitar la soledad. Quienes no aprenden a estar solos, ignoran un componente clave para convertirse en alguien independiente. Pasar el tiempo a solas refuerza la capacidad de sentirse bien sin gente alrededor a todo momento. Este estado nos muestra que podemos sobrevivir solos, y tal conocimiento podría ser una gran fuente de fortaleza. De este modo, somos el mejor sistema de apoyo de nosotros mismos, no otras personas.

Una desventaja práctica de no ser independientes es que perdemos oportunidades. Si no podemos salir y disfrutar actividades a solas, las oportunidades seguirán su camino. Este es un problema común —esperar compañía para poder hacer lo que queremos—. De este modo, perdemos muchas experiencias maravillosas de la vida. No espere a otras personas para empezar a vivir.

Kevin disfruta viajar e ir de excursión. Solía salir con su esposa cada año para hacerlo. Desde su divorcio hace cinco años, no ha hecho ninguna de las excursiones que tanto le agradan. Con frecuencia afirma que cuando consiga novia reanudará los viajes. Su hermana le ha sugerido que salga de vacaciones solo, pero él no considera esta opción. Kevin no disfruta hacer algo a solas. Ni siquiera lo intentará.

Kevin está ignorando una actividad que disfruta porque no se siente bien a solas. Tal vez tenga que esperar mucho tiempo antes de entablar otra relación, y ¿qué pasa si a esa nueva persona no le gusta viajar e ir de excursión? ¿Qué haría él entonces? Una mejor opción es que vuelva a hacer lo que disfruta y salga de vacaciones por su cuenta. ¿Usted deja de hacer algo que le gusta sólo porque no tiene con quién hacerlo?

El hombre que anda solo puede empezar hoy; pero el que anda acompañado debe esperar hasta que el otro esté listo.
━ *Henry David Thoreau*

Tiempo para cuidarse a sí mismo

En este agitado mundo es fácil que descuidemos nuestras necesidades personales cuando no dedicamos el tiempo para pensar al respecto. Esto incluye tiempo para el adecuado descanso, ejercicio, lectura y atender asuntos de salud. Estas son actividades comúnmente desatendidas. Estar a solas da la oportunidad de poner más atención a sus necesidades. Depende de nosotros reconocer lo que necesitamos y satisfacer esas necesidades. Otras personas que nos rodean pueden inhibir nuestra capacidad de poner atención a cosas básicas de la vida, tales como cuidar la salud o hacer ejercicio en forma regular. Sin la influencia externa, podemos comer mejor, dormir más, leer más o tomar parte en actividades que generalmente nos hacen sentir bien.

No es un mundo fácil para vivir. No es un mundo fácil para ser honesto. No es un mundo fácil para entendernos y querernos a nosotros mismos. Pero debe ser vivido, y al hacerlo hay una persona con la que obligatoriamente debemos estar.

— *Jo Coudert,* Advice from a Failure

Tiempo para mermar el ritmo de la vida

La mayoría de personas están tan atrapadas en su vida cotidiana, que rara vez sacan tiempo para mermar el ritmo. La vida diaria puede ser agotadora y hace difícil que nos relajemos y seamos nosotros mismos. Siempre estamos corriendo de una situación a otra y de un rol a otro. La sensación de siempre estar desempeñando una actividad puede ser agotadora. No podemos relajarnos debido a la presión de siempre estar "listos" para los demás. Nos sentimos mejor en los momentos que realmente somos nosotros mismos. Para muchos, esto ocurre cuando están junto a miembros de la familia o amigos cercanos. Las personas con quienes más disfrutamos son aquellas con las que podemos ser nosotros mismos, sin preocuparnos por lo que piensan. Dedicar el tiempo para uno mismo puede ser vigorizante y aumenta la energía individual para encarar el mundo.

A veces, sólo necesitamos la soledad. Estar a todo momento junto a otras personas puede ser estresante. Algunos trabajan acompañados todo el tiempo, otros viven con mucha gente. ¿Ha sentido la necesidad de marcharse y estar solo? Esto le podría ocurrir cuando trabaja fuera de la ciudad en compañía de colegas. Tal vez ha pasado el día con ellos, incluyendo las horas de la comida. ¿Ha querido regresar a la habitación del hotel para estar solo? ¿Se ha arrepentido de compartir una habitación con un colega? Estar a toda hora rodeados por personas, en especial cuando sentimos la presión de formar parte de "algo", puede ser muy difícil.

Nuestro idioma ha percibido sabiamente los dos lados de estar solo. Ha creado la palabra "abandono" para expresar el dolor de estar solo, y la palabra "retiro" para expresar la gloria de estar solo.

— *Paul Tillich,* The Eternal Now

Evitar las personas que agotan nuestra energía

Casi todos estamos acostumbrados a estar rodeados por otras personas. Esto es bueno, pero también debemos tener la capacidad de escoger a la gente con la que pasamos mucho tiempo. Algunos encuentran imposible sentirse bien sin la compañía de otros; no son felices cuando están solos. Como resultado, buscan personas por una desesperada necesidad de compañía. Hacen lo que sea para evitar la soledad, incluso manteniendo relaciones que generan influencias negativas en sus vidas; retornan a relaciones pasadas que en realidad no desean, sólo porque no soportan la soledad.

¿Se ha preguntado por qué hay gente que pasa el tiempo al lado de personas con quienes en realidad no congenian, o siguen en una relación agotadora emocionalmente? Esto se debe a que prefieren tener *cualquier* relación —incluyendo una destructiva— en lugar de estar solos. Esto a veces significa casi "vender el alma" para evitarlo. A la larga, seguir en relaciones con personas que nos destruyen emocionalmente, es mucho más perjudicial que pasar el tiempo a solas.

Sheldon encuentra difícil estar solo. Toda su vida ha evitado esta situación. Pasa de relación a relación sin descanso. Entabla relaciones con quienes no tiene mucho en común, sólo para tener compañía. Cuando una relación termina, de inmediato busca comprometerse con alguien más.

Sheldon debe aprender a sentirse bien estando solo. Necesita escoger una relación por buenas razones, no sólo porque odia la soledad.

> Visitamos a los demás por compromiso. ¿Cuánto tiempo ha pasado desde que nos hemos visitado a nosotros mismos?
> ∽ *Morris Adler*

La soledad es desaprobada por la sociedad

La sociedad occidental no se esfuerza por motivar a las personas a estar solas. De algún modo hemos llegado a considerar tal situación como algo negativo que debe ser evitado. Algunos ven con lástima a quien pasa tiempo solo. Hay circunstancias en que personas viven solas y en realidad les gustaría vivir con miembros de la familia o amigos. Ellos no tienen con quién vivir en ese momento. Sin embargo, no debemos sentir más lástima por alguien en esta situación, que la sentida por alguien cuya vida no es la deseada. Estar solo por un tiempo no es peor que la muerte. Todos deberíamos dedicar tiempo para estar solos. En realidad, es mucho más problemático si una persona no puede estar a solas por un determinado tiempo.

> Creo que tenemos una forma de relacionarnos bien con otras personas cuando nos conocemos a nosotros mismos, pasando tiempo a solas. Conozco a muchos que están asustados por estar solos. Es algo extraño.
> ∽ *Mike Piazza*

No necesita vivir una vida solitaria

Aunque recalco la importancia de disfrutar el tiempo a solas, no pretendo decir que debemos ser individuos solitarios y aislarnos de los demás. Vivimos en un mundo interdependiente con otras personas, y debemos interactuar con ellas. Sin embargo, la realidad es que la mayoría de personas parecen tener un problema mucho más grande estando solas que acompañadas. El reto es sentirse bien en ambas situaciones. Asegúrese de poder interactuar con los demás, pero también disfrute la soledad. Estar solo significa poder relacionarse consigo mismo, además de vivir de manera interdependiente con otras personas.

> Qué agradable sorpresa finalmente descubrir cuán acompañados podemos sentirnos estando solos.
> — *Ellen Burstyn*

Valorar su tiempo preciado

La necesidad de estar solo varía. Algunos necesitan mucho tiempo y otros poco. Algunos requieren de la soledad y lo están varias horas al día. Otros se ubican en el extremo opuesto, prefiriendo un tiempo limitado de soledad. La mayoría de personas están entre los dos extremos. Es importante determinar *cuánto tiempo* es óptimo para usted, *dónde* y *cuándo* prefiere estar a solas, y cuáles son las *actividades que disfruta* en esos momentos. Si tiene estas respuestas, ha dado un paso gigantesco para conocerse bien a sí mismo.

Hay muchas actividades que podemos disfrutar solos. Por mi parte, me gusta comenzar el día en un café leyendo el periódico local. Este es el tiempo de "prepararme para el día", y para mí es como una meditación. No importa dónde me encuentre: Halifax, Toronto, Jerusalén o Los Ángeles. Me encantan las mañanas en un café local. Si no paso este rato agradable, mi día no es tan bueno; parece ser mucho más difícil. Una actividad excelente y muy valiosa es escribir en un diario personal. Puede ser divertido y también guía a un mayor conocimiento interior. Caminatas largas, la jardinería o trotar son otros ejemplos de actividades que nos permiten estar solos y ayudan a mejorar la salud. La idea es conocerse bien a sí mismo a fin de saber qué es lo óptimo para su bienestar personal. Con tiempo y experimentación lo logrará.

> Jordan tiene una gran necesidad de estar a solas. Ha descubierto que es energizante para ella, y cuando no puede conseguirlo se siente muy inquieta. Stanley, su esposo, tiene una necesidad mucho menor de estar solo. Cuando los visitan familiares, Jordan siente un ambiente estresante si no logra estar ratos sola. A Stanley no le molesta tener parientes en casa durante muchos días. Ellos deben organizar las visitas para que Jordan tenga el tiempo de soledad que necesita.

+ ¿Cuánto tiempo a solas es óptimo para usted?
+ ¿A dónde le gusta ir para estar solo?
+ ¿Cuándo le gusta estar solo?
+ ¿Qué actividades le gusta hacer solo?

Apreciar la soledad

Estar solo puede ser difícil en principio, pero puede acostumbrarse por medio de la preparación. Y entre más practique, más fácil será. Al igual que en todas las estrategias del plan, debe tomar su tiempo y seguir su propio ritmo. Inicialmente, es estresante incluso estar un día solo. Tal vez no sepa qué hacer y se sienta muy inquieto. No sucumba a esta sensación de soledad corriendo hacia otras personas. Lo importante es acostumbrarse gradualmente, dando un paso a la vez. Poco a poco conózcase a sí mismo mientras está solo. Al aprender a pasar las horas a solas y conocerse mejor, podrá relajarse y disfrutar el tiempo. Lo encontrará vigorizante y quizás hasta llegará a apreciarlo.

No hay necesidad de ir a la India o a otra parte para encontrar la paz. Encontrará ese lugar profundo de silencio en su misma habitación, su jardín o incluso en su bañera.

— *Dr. Elisabeth Kübler-Ross*

Consejos de preparación

1. Dedique tiempo cada día para estar solo.

2. Determine cuánto tiempo desea estar solo y dónde.

3. Póngase retos y poco a poco aumente su lapso de tiempo a solas.

4. Limite el tiempo de ver televisión.

5. Comunique a la gente cuándo necesite estar a solas.

6. Encuentre un lugar tranquilo para leer con regularidad.

7. Mantenga un diario personal.

8. Cada año salga de vacaciones solo.

9. Pase tiempo con quienes puede ser usted mismo y no con aquellos que agotan su energía.

10. Tome un curso de meditación.

Resumen

Muchas personas no se sienten bien estando a solas. Esto puede tener resultados negativos. Siempre tendrán la necesidad de estar con otras personas, incluso si tienen una influencia negativa sobre sus vidas. También ignorarán el desarrollo personal que surge de la soledad con el tiempo. Estar solo brinda la ocasión de pensar con claridad en asuntos que nos inquietan, para examinar nuestra vida y lo que somos, y nos ayuda a desarrollar el sentido de independencia. La capacidad de sentirse bien a solas también tiene un propósito muy práctico. Si realizamos actividades de manera individual, no perderemos oportunidades,

tales como viajes por no tener quien nos acompañe. En la sociedad actual, estar solo no es considerado algo muy positivo.
Algunos tienen la creencia equivocada de que debemos estar
junto a otras personas a todo momento. Usted puede prepararse
para disfrutar la soledad pasando cada día cortos períodos de
tiempo a solas, y luego aumentándolos gradualmente. En principio puede ser difícil, pero con la práctica se hace más fácil. Al
final sabrá cuánto tiempo es óptimo para usted y cuáles actividades disfruta hacer por sí mismo.

LISTA DE AUTOEVALUACIÓN

1 = Nunca   2 = Rara vez   3 = A veces
4 = Con frecuencia   5 = Siempre

	Puntuación
Dedico al menos una hora al día para estar a solas	
Busco tiempo para estar solo	
Disfruto estar a solas	
Me inquieto si no paso tiempo a solas	
Uso el tiempo a solas para reflexionar sobre mis acciones y mi vida	
Si soy transferido a un lugar donde no conozco a nadie, disfruto lo más posible de ello	
Limito mi tiempo con las personas que agotan mi energía	
Puntuación total / 35	

PLAN DE ACCIÓN

Mayor reto: _____

Mi tiempo a solas es:

_____

_____

_____

Actividades que realizo solo:

_____

_____

_____

Metas inmediatas:

_____

_____

_____

LECTURAS ADICIONALES

Branden, Nathaniel. *Honoring the Self.* Jeremy P. Tarcher, Inc., 1983.

Caprio, Frank y Perry Wilbur. *How to Enjoy Yourself.* Prentice-Hall, Inc., 1982.

Chödrön, Pema. *The Places That Scare You: Fearless Living in Difficult Times.* Shambhala Publications, 2001.

Estrategia

9

Vivir el
momento

Vive consciente de lo corta que es tu vida.

HORACIO

Vivir el momento significa:

Enfocarse en el tiempo inmediato.

Disfrutar cada día.

Disfrutar los simples placeres.

Tener actividades que lo hagan sentir vivo.

Tener rituales cotidianos que lo estimulen.

No significa:

No pensar en el pasado.

No proyectarse hacia el futuro.

No soñar despierto.

Hágase estas preguntas:

¿Enfoco mi atención en el presente?

¿Aprovecho al máximo cada día?

¿Planeo el día en que seré feliz, por ejemplo cuando me jubile?

¿Realizo actividades que me hacen sentir "vivo"?

¿Río todos los días?

¿Mi meta sólo es terminar cada día?

Vivir el momento

Uno de los mayores retos de la vida es "vivir el momento", o sea la capacidad de enfocarnos en el presente, disfrutándolo y aprovechándolo al máximo. Tenemos la tendencia a perder mucho tiempo pensando en eventos del pasado o preocupándonos por el futuro. Esta no es una forma de vivir muy productiva, ni tampoco es agradable. Aunque es natural pensar en nuestro pasado y lo que puede ocurrir en el futuro, no deberíamos pasar la mayor parte del tiempo en ello. Vivir en el pasado o pensar a toda hora en el futuro, consume tiempo y energía que podrían emplearse mejor disfrutando el presente. Tenemos dos opciones: aprovecharlo al máximo o desperdiciarlo.

Los beneficios de vivir el momento son:

✦ Podrá experimentar y disfrutar a plenitud cada día

✦ Valorará el tiempo

✦ No esperará a empezar a vivir, lo hará ahora

✦ Será más fácil alcanzar sus metas

> Aproveche el tiempo . . . Viva ahora. Haga siempre del ahora el tiempo más preciado. El ahora nunca volverá.
>
> ⌐ *Cap. Jean-Luc Picard,* Star Trek: The Next Generation

Viva plenamente cada día

Aprovechar al máximo cada día puede ser difícil, en especial al hacerlo en forma consistente. Existe la tendencia de permanecer en la rutina del trabajo cotidiano y a veces sólo queremos acabar la jornada. Una frase común que a menudo oímos es "terminar el día". Es probable que todos la digamos en ocasiones. Tal vez usted tiene días en que sólo quiere que el tiempo pase rápido para finalizar su rutina y caer rendido en la cama, con la esperanza de que el día siguiente sea mejor. Cada día debería ser valorado y no tomado a la ligera. Tenemos un número limitado de días y podemos "usarlos o perderlos". Cada día que se acaba no se recupera y es importante aprovecharlo lo máximo posible. No desperdicie ninguno de sus días.

> Cada día que perdemos es un día que nunca podremos recobrar.
> — *George Allen*

Valore el tiempo

Todo el mundo sabe teóricamente que la vida no es eterna. Todos envejecemos y nuestros cuerpos cambian. Tendremos problemas de salud y finalmente falleceremos. Pero, aún siendo la verdad, no nos gusta pensar en ello ya que es algo atemorizante. Sin embargo, también puede ser un pensamiento muy liberador. Enfrentarnos cara a cara con nuestra mortalidad es una experiencia positiva que nos fuerza a enfocarnos en el presente y lo que es importante para nosotros. Si usted puede reconocer con claridad su mortalidad, y lo importante del recorrido por la vida, entonces considerará el tiempo como un tesoro preciado. Hará todo lo posible para no perder sus días. Encarar la mortalidad es algo grandioso; brinda la motivación que necesitamos para aprovechar al máximo la vida.

Los medios de comunicación tendrán muchas oportunidades para hacerlo sentir triste, desorientado y estúpido en las crueles manos del destino. Usted no es así; tampoco él lo fue. Levántese, salga. La vida no es una columna, un artículo, un espectáculo; es un propósito, y a veces es corta.

— Toronto Sun *Periodista Gary Dunford*
   sobre la muerte de John F. Kennedy, Jr.

"Seré feliz cuando…"

Es muy importante reconocer que nadie sabe cuándo morirá. No sabemos cuándo tendremos graves problemas de salud, si llegaremos a una edad avanzada y moriremos tranquilamente mientras dormimos, o si partiremos súbitamente siendo muy jóvenes. Ya que no sabemos cuánto tiempo tendremos en cada etapa de la vida, o cuándo llegará la muerte, lo único que podemos hacer es vivir el momento, o al menos proyectado al futuro cercano, en lugar de imaginar nuestra vida veinte años adelante.

La persona que dice "seré feliz cuando me jubile", se está haciendo ilusiones. ¿Quién puede asegurar que llegará a la edad de jubilación? Tal vez nunca tengamos la posibilidad de quedar libres de carga laboral para disfrutar la "buena vida", o podemos tener graves problemas de salud que limiten nuestras opciones. Además, sabiendo cómo es la naturaleza humana, quizás encontraremos algo más en qué preocuparnos incluso después de jubilarnos. Esto no significa que no debemos planear el futuro, pero no hay que desperdiciar el ahora por la vida que queremos dentro de muchos años. La persona que trabaja muy duro para un día retirarse y disfrutar el tiempo con su familia, tal vez nunca logrará su cometido. No aplace la vida que quiere esperando que las cosas se den en el futuro lejano. Planee el futuro y fije metas, pero disfrute la vida ahora. Reconozca que este tiempo presente nunca volverá.

Max es una persona infeliz. Cada día es una lucha. Sólo piensa en lo que será su vida después de jubilarse dentro de quince años. Odia su actual trabajo y sueña con el día en que tenga suficiente dinero ahorrado para retirarse. Cree que hasta entonces no será feliz. Sin embargo, en la actualidad su salud se está deteriorando con rapidez debido al estrés del trabajo, y aún falta mucho para su jubilación.

Jennie también es infeliz en su trabajo. No obstante, en lugar de soñar con el día de la jubilación, se enfoca en su felicidad inmediata. Consigue un trabajo mucho más interesante para ella; también se dedica al tenis, un deporte que siempre le ha gustado.

Tal vez Max nunca será feliz. Su salud podría empeorar. Posiblemente no disfrutará su jubilación. Incluso si lo hace, habrá perdido muchos años valiosos. Jennie no desperdiciará su vida siendo infeliz.

Conozca el verdadero valor del tiempo; agárrelo, aprovéchelo y disfrute cada momento de él.

— Lord Chesterfield

Enfocarse en el presente

Al esforzarnos por alcanzar metas, habrá ocasiones en que sentiremos que el progreso es mínimo o no avanzamos en lo absoluto. Cuando esto sucede, es bueno enfocarnos en lo que tenemos justo frente a nosotros. Durante estos tiempos difíciles, la pregunta debería ser "¿qué puedo hacer para acercarme más a mi objetivo?". Siempre hay algo que se puede hacer para avanzar, sin importar qué tan pequeño sea el progreso. Los pasos cortos pueden acumularse con rapidez hasta cubrir una gran distancia. La clave es enfocarse en el tiempo inmediato, incluso en la hora inmediata.

Ted es un estudiante universitario que trabaja por su grado en administración de empresas. Ya casi termina las asignaturas de la carrera y está tratando de escribir su tesis que necesita para graduarse. La investigación ya está hecha, pero él tiene dificultad para redactarla. La tesis debe tener un mínimo de 20.000 palabras, y Ted sólo ha completado 10.000 hasta el momento. Se ha estado enfocando en el producto final y la fecha está vencida.

La mejor estrategia para Ted en este momento sería concentrarse en el corto plazo, día por día, o incluso hora por hora. Para hacer esto, podría crear un archivo en el computador que liste sus actividades del día, y registre el número de palabras y páginas que ha escrito. Su meta inmediata no debe ser terminar la tesis, sino hacer progresos en el archivo, esto es, aumentar el número de palabras y páginas escritas. Si puede hacer esto en forma gradual, muy posiblemente finalizará su tesis.

> ¿Cuándo vamos a empezar a vivir entendiendo que esta es la vida? Este es nuestro tiempo, nuestro día . . . y está pasando. ¿Qué estamos esperando?
> — *Richard L. Evans*

¿Cómo utiliza su tiempo?

Un buen ejercicio para que examine su tiempo es hacer un análisis de una semana normal. Esto le permitirá ver con claridad cómo pasa su tiempo y si es feliz con él. También identificará cuánto "tiempo muerto" o "tiempo productivo" tiene en una semana, el cual no es usado en algo que valga la pena. Este es el tiempo que podría emplear de forma más eficaz.

Por ejemplo:

Actividad	Lun	Mar	Mié	Jue	Vie	Sáb	Dom
Dormir	8 hrs.	8 hrs.	8 hrs.	8 hrs.	8 hrs.	8 hrs.	8 hrs.
Comer	2	2	2	2	2	2	2
Trabajo	8	8	8	8	8	0	0
Familia	1	1	1	1	1	2	2
Amigos	1	1	1	1	1	2	2
Ejercicio	2	0	2	0	2	0	0
Pasatiempos	0	2	0	1	0	1	1
Misceláneo.	1	1	1	1	1	1	1
Total	23	23	23	22	23	16	16
Tiempo muerto	**1**	**2**	**1**	**2**	**1**	**8**	**8**

La diferencia entre el tiempo misceláneo y el tiempo muerto, es que el primero es usado en actividades necesarias tales como dirigirse al trabajo, ducharse o alistarse para ir a la cama, mientras el tiempo muerto es totalmente improductivo y podría ser empleado de otras formas. En este ejemplo, el individuo tiene una o dos horas de tiempo muerto cada día entre semana, y dieciséis en los fines de semana. Esto suma veintidós horas cada semana, el tiempo potencial que podría ser empleado para actividades u objetivos que valgan la pena. Puede ser un nuevo hobby o regresar a la universidad para obtener un grado. ¿Cuánto tiempo muerto tiene usted en la semana?

> La gran línea divisoria entre éxito y fracaso puede ser expresada en tres palabras: "no tuve tiempo".
> ⏤ *Robert J. Hastings*

Rituales cotidianos

Los rituales cotidianos son la base de nuestro día y nos ayudan a dirigir la energía eficazmente. Proveen un marco que nos permite enfocar el tiempo y la energía en forma productiva en lo que es importante para nosotros. Esto es similar a un atleta que tiene una rutina previa a una gran competencia, la cual le ayudará a rendir al máximo. Entre menos nos preocupemos tomando decisiones menores, más pensamientos y esfuerzos pueden canalizarse para ser productivos y disfrutar el día. Quienes no tienen rituales diarios, se inclinarán a desperdiciar energía en detalles cotidianos menores.

Los rituales pueden incluir:

✦ La hora de levantarse en la mañana

✦ Lo que come en el desayuno

✦ La hora de acostarse en la noche

✦ Lo que hace una hora antes de acostarse

✦ Caminatas y ejercicio diario

✦ Tiempo de meditación a diario

Responda lo siguiente:

✦ ¿Cuáles son sus rituales cotidianos más importantes, los que le dan mayor apoyo cada día?

✦ ¿Cómo puede hacer que lo beneficien más?

✦ ¿Qué otros rituales lo ayudarían?

> **Si pudiera, me pararía en una esquina concurrida, con sombrero en mano, y le pediría a las personas que me dieran todas sus horas desperdiciadas.**
>
> ⁓ *Bernard Berenson*

Actividades "del momento"

Hay actividades que de inmediato nos ubican en el momento y nos hacen sentir "vivos". Son actividades que nos atrapan y emocionan. Pueden ser experiencias positivas y negativas (dependiendo de cómo las veamos), e incluyen la oratoria, estar junto a personas que nos estimulan, los deportes, leer o escribir. Son actividades que requieren una total concentración. Somos forzados a enfocarnos sólo en lo que estamos haciendo, y no pueden surgir otros pensamientos. No permiten que divaguemos y pensemos en el pasado o futuro.

> Jackie sabe que la emocionan deportes extremos como el paracaidismo y el alpinismo. Estas actividades la hacen sentir viva y en contacto consigo misma. Ha escogido un trabajo que le da el tiempo suficiente y le permite vivir en un lugar donde puede tomar parte en tales actividades.

Las situaciones estresantes nos ubican en el momento. Por eso nuestra atención es del 100 por ciento y dejamos poco espacio para pensamientos externos o soñar despiertos. Los eventos estresantes incluyen desde un examen en la universidad y situaciones peligrosas, hasta deportes tales como el paracaidismo y las carreras de autos. Todas estas actividades nos enfocan "en el momento".

Para identificar más actividades que lo ubican en el momento, hágase las siguientes preguntas:

✦ ¿Qué actividades me hacen sentir vivo?

✦ ¿Por qué me hacen sentir vivo?

✦ ¿Qué otras actividades tienen estos mismos componentes?

✦ ¿Cuáles de estas otras actividades me interesan?

Una vez que las haya identificado, practique las que más le llamen la atención.

> Si pudiera iniciar de nuevo mi vida, me gustaría cometer más errores. Me relajaría, sería más flexible, más tonta de lo que he sido en este viaje. Tomaría menos cosas seriamente. Aprovecharía más oportunidades. Subiría más montañas y nadaría en más ríos. Comería más helado y menos fríjoles. Tal vez tendría más problemas reales, pero menos imaginarios. Soy una de esas personas que vive sensata y sensiblemente hora tras hora, día tras día. He tenido mis momentos, y si tuviera de nuevo la oportunidad, tendría más de ellos. De hecho, trataría de no tener nada más. Sólo momentos, uno tras otro, en lugar de vivir tantos años delante de cada día. He sido una de esas personas que nunca va a un lugar sin un termómetro, una botella con agua caliente, un impermeable y un paracaídas. Si pudiera hacerlo de nuevo, viajaría más liviano de lo que lo he hecho. Si pudiera iniciar de nuevo mi vida, estaría descalza más temprano en la primavera y me quedaría así más tarde en el otoño. Iría a más bailes. Montaría en más carruseles, cortaría más margaritas.
>
> ⌐ *Nadine Stair*

Consejos de preparación

1. Merme el ritmo de su vida y aprecie cada día.

2. Recuerde que este día nunca volverá.

3. Aprenda a mirar alrededor y sea consciente de su entorno.

4. Enfrente la mortalidad.

5. Ría diariamente.

6. Desarrolle rituales cotidianos que lo beneficien.

7. Identifique las actividades que hace actualmente y lo enfocan en el momento —busque nuevas actividades que tengan el mismo efecto y realícelas—.

8. Desarrolle sus poderes de concentración.

9. Aprenda a meditar.

10. Disfrute de la gente.

Resumen

Tenemos la tendencia a no enfocarnos en el presente y pasar más tiempo pensando en el pasado o preocupándonos por el futuro. Debemos aprender a vivir el momento, concentrándonos en las cosas inmediatas y disfrutando cada día. Es importante aprovechar al máximo el tiempo. Todos envejeceremos, tendremos problemas de salud y finalmente falleceremos, y nunca sabremos qué tan larga será nuestra vida. Ciertas actividades nos enfocan en el momento más que otras. Son las que requieren una total concentración y pueden incluir estar con amigos que nos estimulan, situaciones estresantes, la meditación, el yoga o deportes emocionantes. Debemos descubrir qué nos ubica en el momento y desarrollar aún más tales actividades. Al igual que en todas las estrategias, el primer y más importante paso es "ser consciente".

Lista de autoevaluación

1 = Nunca   2 = Rara vez   3 = A veces
4 = Con frecuencia   5 = Siempre

	Puntuación
Valoro cada momento	
Aprovecho al máximo cada día	
Disfruto cada día	
Pongo atención a los sonidos y olores que me rodean	
Me concentro en las cosas inmediatas	
Tomo parte en actividades que me hacen sentir "vivo"	
Puntuación total / 30	

Plan de acción

Mayor reto:_____

Mi mejor día sería:

_____

_____

_____

Actividades que haría si tuviera tiempo:

_____

_____

_____

Actividades que me enfocan en el momento:

_____

_____

_____

Metas inmediatas:

_____

_____

_____

ANÁLISIS DEL TIEMPO

Haga un análisis de la forma en que pasa su tiempo. Puede cambiar algunas de las categorías para reflejar más su estilo de vida.

Actividad	Lun	Mar	Mié	Jue	Vie	Sáb	Dom
Dormir							
Comer							
Trabajo							
Familia							
Amigos							
Ejercicio							
Pasatiempos							
Misceláneo							
Total							
Tiempo muerto							

LECTURAS ADICIONALES

Bailey, Joseph. *The Speed Trap*. HarperCollins, 1997.

Bailey, Joseph, y Richard Carlson. *Slowing Down to the Speed of Life*. HarperCollins, 1997.

Tolle, Eckhart. *The Power of Now*. Namaste Publishing, Inc., 1997.

Estrategia

10

Estar sano
y en buena forma

*El primer requisito para el éxito es la capacidad de
emplear las energías físicas y mentales en un
problema constantemente y sin desfallecer.*

THOMAS EDISON

157

Estar sano y en buena forma significa:

Tener una buena condición física.

Ser fuerte y tener un buen tono muscular.

Poseer un alto nivel de energía.

Estar preparado para retos físicos.

Estar satisfecho con su cuerpo.

No significa:

Ser un atleta de clase mundial.

Poder superar todos los retos físicos.

No tener problemas de salud en la vida.

Hágase estas preguntas:

¿Poseo la energía que me gustaría tener?

¿Hay actividades que me gustaría hacer, pero no me siento físicamente bien?

¿Estoy preparado para retos físicos?

¿Me siento bien con mi cuerpo?

Salud y buena condición física

La décima y última estrategia del plan es estar sano y en forma, lo cual es parte integral de una vida óptima. La condición física juega un papel importante en la capacidad de enfrentar la rutina diaria y luchar por los objetivos. Tener buena salud y estar en forma también aumenta la confianza en sí mismo y la autoestima. La meta no es ser un atleta de clase mundial, sino estar sano y tener una buena condición física general. No se preocupe si tiene limitaciones físicas. Trabaje dentro de sus parámetros personales y logre la condición apropiada para usted.

Los beneficios de estar sano y en forma son:

✦ Tendrá un alto nivel de energía

✦ Tendrá la fortaleza y resistencia física para hacer lo que quiere en la vida

✦ Estará preparado físicamente para enfrentar retos

Muchas personas gastan su salud obteniendo riqueza, y luego tienen que gastar su riqueza para recuperar la salud.
⌐ *A. J. Reb Materi*, Our Family

El rol de la energía

La energía es tal vez el componente más importante de una vida óptima. La buena salud y condición física provee energía. Por lo general en la medida que posee un mejor estado físico, tendrá más energía. La energía es necesaria para disfrutar y aprovechar al máximo cada día. Un nivel bajo de ella impedirá que nos desempeñemos óptimamente, y terminar cada día se convierte en una lucha. La energía adicional resultante de una buena salud y condición física, lo prepara para enfrentar los retos diarios y alcanzar metas. Un alto nivel de energía también nos ayuda a mantener una actitud positiva y evitar cambios repentinos de comportamiento.

Fortaleza física para el día

Necesitamos la fortaleza y resistencia física para desempeñarnos eficazmente cada día y luchar por lo que deseamos en la vida. La fortaleza se requiere para actividades cotidianas básicas, tales como cargar los víveres sin cansarse, dar caminatas agradables y trabajos manuales menores. También es necesaria si queremos dedicarnos a pasatiempos y deportes exigentes, viajes, o tomar parte en actividades tales como excursiones en montañas. Entre más capacidad física poseamos, mayor será la capacidad de desempeñarnos óptimamente; no estaremos limitados por factores físicos.

La fortaleza física es beneficiosa para hombres y mujeres de todas edades. En la actualidad su importancia es recalcada en la mujer debido a la alarmante tendencia a poseer una figura exageradamente delgada. Por desgracia, muchos de los estereotipos femeninos son celebridades y modelos delgadas de apariencia frágil, en lugar de mujeres con cuerpos sanos y buen tono muscular. Ejemplos de mujeres fuertes y en forma incluyen atletas tales como Marion Jones, Dara Torres, las integrantes del equipo de fútbol de los Estados Unidos, y artistas como Demi Moore en la película *GI Jane*, Linda Hamilton en *Terminator II*, y Madonna. Hay muchos más ejemplos. Todas estas mujeres son delgadas, pero sanas, fuertes y tienen un buen tono muscular. No convierta su objetivo en ser una persona muy delgada, sino en alguien "fuerte".

Hacerse cargo de su cuerpo lo ayuda a llevar la carga de la vida. Y esa fuerza puede ayudarlo a ir a donde desee cada día.

— *Cheryl Bridges Treworgy*

Prepararse para retos físicos

La buena salud y condición física también nos prepara para retos físicos. A lo largo de la vida sin duda experimentaremos eventos inesperados que requieren un alto nivel de acondicionamiento físico. Puede ser un simple reto tal como caminar unas millas cuando el auto quede sin gasolina, o tal vez un desafío físico extremo, por ejemplo sobrevivir en las montañas después de un accidente aéreo. Estos extremos quizás nunca ocurrirán, pero sí los incidentes menores. De cualquier forma, ¿por qué no estar preparados al máximo para las dos posibilidades? Si su auto tiene problemas en la carretera, ¿podría caminar diez millas hasta una estación de servicio?

Con el tiempo, todos padeceremos problemas de salud. Si tenemos una buena condición física, mayor será la capacidad para enfrentar tales desafíos. De no ser así, un problema de salud menor puede convertirse en algo mucho más grave.

Ejercicio constante y prácticas saludables

Un nivel razonable de salud y buena condición física no debería ser tan difícil de alcanzar. Pero, en nuestro agitado mundo, con tecnología que no promueve el movimiento, el caso es distinto. Mantener hábitos saludables y seguir un programa de ejercicios desarrolla dicho nivel. Es importante adoptar prácticas saludables y realizarlas constantemente. El mayor error que comete la gente es no ser constantes en sus programas de ejercicios. Los hábitos de buena salud y condición física deben ser una parte automática de nuestra vida.

Jody y Shelly corren juntas tres veces a la semana de mayo a octubre. Jody deja esta rutina cuando llega el invierno, y en lugar de eso hace ejercicio con poca frecuencia durante los siguientes seis meses. Luego reanuda las salidas a correr en la primavera. Shelly no suspende la actividad en el invierno, continúa todo el año. Durante esta estación Jody pierde parte de su fortaleza física y lucha cada primavera para recuperar el nivel que tenía en octubre. Mientras tanto, Shelly aumenta su capacidad atlética en los meses invernales. Mientras Jody ha bajado su rendimiento, Shelly lo ha aumentado. La diferencia es la constancia.

Aprender prácticas saludables

Al igual que con todas las estrategias presentadas en este libro, deberá dedicar tiempo para aprender de ellas en forma individual. Disponga tiempo para educarse. Las prácticas de buena salud y condición física no son complicadas, y todos podemos aprenderlas. Hay muchos recursos disponibles que incluyen entrenadores profesionales, revistas, libros, cursos cortos, la Internet, y algunos amigos. Una de las tendencias actuales es ofrecer cursos para la buena salud y condición física, en programas de educación de adultos en las universidades o instituciones especializadas en su localidad. Unirse a un club de salud o gimnasio también es una buena forma de aprender con instructores calificados. Aprenda todo lo que pueda, de tal forma que monitoree y mantenga por sí mismo su programa de ejercicios.

> Quienes piensan que no tienen tiempo para el ejercicio corporal, tarde o temprano tendrán que disponer tiempo para las enfermedades.
> ⏤ *Edward Stanley*

¿Qué condición física desea tener?

Debe elegir qué condición física quiere tener. Esto significa decidir qué tan fuerte y resistente quiere ser, y cómo desea su composición corporal. Al final de este capítulo, he incluido algunas medidas a considerar. Uno de los factores más importantes del acondicionamiento físico, o tal vez el principal, es la medida o composición corporal de cuánta grasa versus la masa muscular tenemos. Esta es una medida más significativa y confiable que sólo el peso corporal, el cual puede fluctuar mucho. Actualmente en Norteamérica hay una alarmante tendencia hacia altos niveles de grasa corporal. Un porcentaje elevado de grasa es sinónimo de mala salud. Es necesario medir la composición corporal periódicamente. Esto puede ser hecho en un gimnasio de su localidad. Tenga en cuenta que al envejecer, es más difícil mantener bajo el nivel de grasa y alta la masa muscular, y tendrá que modificar los hábitos alimenticios y de actividad física, en especial después de los cuarenta años de edad.

La composición corporal tiene otro efecto. Cómo nos sentimos con nosotros mismos puede ser influenciado por nuestra apariencia y condición física. El cuerpo es la imagen que mostramos al mundo. Una persona enérgica y saludable proyecta una imagen positiva, mientras una enfermiza y débil da una impresión negativa. Esto no quiere decir que todos deberíamos o podríamos lucir como un atleta profesional. Debemos aceptar la estructura corporal con que nacimos y las limitaciones físicas que tengamos. Si somos naturalmente delgados o gruesos, es necesario trabajar dentro de estas restricciones. Si usted tiene una enfermedad crónica, debe tener en cuenta los límites que esto crea.

✦ Determine la condición física que quiere, desde una perspectiva realista

✦ Decida qué tan fuerte desea ser

✦ Elija el nivel de resistencia cardiovascular que desearía tener

✦ Decida el porcentaje de grasa corporal que quiere y cuál sería su peso ideal

Como con la libertad, el precio de mantenerse delgado es la vigilancia eterna.

⟝ *Gene Brown*

Controles médicos y examen de la condición física

Si el ejercicio es nuevo en su rutina diaria, o no lo ha practicado en mucho tiempo, lleve a cabo un control médico y un examen de su condición física. Esto identificará los problemas físicos que pueda tener, asegurará que practique ejercicio sin riesgos, y le dará datos de referencia de su condición actual. El examinador también puede ayudarlo a diseñar un programa personal de ejercicios y nutrición. Una evaluación estándar de la condición física medirá la fuerza y resistencia muscular, la resistencia cardiovascular, la flexibilidad y la composición corporal (porcentaje de grasa). Este procedimiento está disponible en la mayoría de los clubes de salud o gimnasios, en instituciones especializadas y universidades. Es bueno hacer una valoración periódica para controlar el progreso. Esto lo motivará a seguir trabajando hacia sus metas.

> **Su cuerpo es el equipaje que debe cargar a lo largo de la vida. Entre más exceso sea ese equipaje, más corto será el viaje.**
> ⁓ *Arnold H. Glasgow*

Programas de ejercicios

Un programa de ejercicios consta del entrenamiento de cuatro áreas principales. Su programa debe incluir:

1. *Entrenamiento cardiovascular*. Para desarrollar el corazón y los pulmones, de tal forma que tenga la capacidad de hacer esfuerzos por un largo período de tiempo. El ejercicio cardiovascular también consume calorías para reducir grasa, y ayuda a controlar el peso. Tres a cinco veces por semana.

2. *Entrenamiento de fuerza muscular*. Para desarrollar la capacidad de los músculos a fin de que puedan ser forzados repetidamente. Dos o tres veces por semana.

3. *Entrenamiento de flexibilidad*. Para asegurar un total movimiento del cuerpo y prevenir lesiones. Puede ser hecho a diario.

4. *Entrenamiento de movimientos*. Para desarrollar la agilidad, la coordinación y el equilibrio. Puede ser hecho a diario.

Con el tiempo, el ejercicio puede convertirse en un hábito que se disfruta y ya no se considera un esfuerzo. De hecho, para muchas personas es una de las partes más agradables del día. También descubrirá que el ejercicio moderado tiene otros beneficios: provee más energía para la rutina diaria, ayuda a aliviar el estrés, aleja la mente de problemas y nos hace pensar con claridad.

> Ver resultados es emocionante. Si ejercita y ve resultados, incluso tan simples como sentirse bien por salir de la casa, estará motivado a repetir la experiencia.
>
> — *Grete Waitz,* On the Run: Exercise and Fitness for Busy People

Movimiento corporal

La parte a menudo desatendida de un régimen de ejercicios, es el entrenamiento de movimientos. Es importante que, además de un programa de acondicionamiento básico, tenga una actividad que desarrolle la agilidad, el equilibrio y la coordinación. A medida que envejecemos perdemos gradualmente estas habilidades, en especial si no las ejercitamos. Las actividades que desarrollan la capacidad de movimiento incluyen las artes marciales, squash, racquetball, tenis de mesa, baloncesto, baile, voleibol y jockey.

Evite el "camino fácil"

A diferencia con las épocas pasadas, cuando la mayor parte del trabajo era físico, hoy día un gran número de personas no utiliza mucho el cuerpo. Con la excepción de quienes tienen empleos que involucran trabajo manual, ahora es posible pasar el día sin esforzar el cuerpo en lo absoluto. La tecnología moderna ha empeorado la situación. Tenemos escaleras móviles y ascensores y en todas partes. Ni siquiera hacemos el ejercicio de caminar. A veces el único esfuerzo físico del día es salir de la casa al automóvil, al ascensor, a la oficina y así sucesivamente.

Mover el cuerpo cada día no es algo difícil. Camine y use las escaleras fijas cuando sea posible. Una pregunta a hacer es qué haríamos si hubiéramos vivido en el pasado, antes que inventaran los ascensores y escaleras móviles. Si viajáramos en el tiempo y tuviéramos que depender del movimiento físico, ¿estaría bien, o tendría problemas a diario? ¿Cuántas personas caminan en comparación con quienes usan las rampas móviles en un aeropuerto? En ocasiones estos mecanismos son convenientes, pero, al menos que su objetivo en la vida sea evitar cualquier esfuerzo físico, sería mucho mejor que caminara.

> Si no fuera porque el televisor y la nevera se encuentran tan separados, muchos no harían ejercicio en lo absoluto.
> — *Joey Adams*

Buenos hábitos nutricionales

Hay muchos recursos disponibles sobre buenas prácticas nutricionales. La mejor forma de empezar es consultando un nutricionista que lo ayude a establecer buenos hábitos alimenticios. La mayoría conoce los principios generales de los hábitos saludables, pero no siempre son llevados a la práctica. El mayor problema tiende a ser el comer en exceso. Empleamos la comida para demasiadas cosas en nuestra vida, —reuniones sociales, como escape cuando estamos estresados o simplemente por hacer algo—. Las prácticas nutricionales buenas deben ser como mínimo las siguientes:

+ Consumir alimentos variados, especialmente muchas frutas y verduras (consulte un nutricionista)

+ Tomar 8–10 vasos de agua por día

+ Ingerir 4–6 comidas pequeñas por día, en lugar de 2–3 grandes

+ No comer en exceso en las horas de comida

+ Limitar la ingestión de alimentos en la noche

Tener el suficiente descanso

Necesitamos suficiente descanso para desempeñarnos bien a lo largo del día. Muchas personas no tienen niveles adecuados de sueño y se ven afectados todo el día por la falta de descanso. Esto afecta en forma severa el comportamiento y los niveles de energía. Así como un atleta necesita descanso para participar en una competencia, todos lo necesitamos para la vida. La cantidad de descanso requerido depende del individuo y de qué tan activo es. Algunos necesitan mucho y otros muy poco. Para la mayoría, el descanso suficiente es al menos ocho horas de sueño. La idea es que nos sintamos relajados cada mañana al despertar. Encontrará útil acostarse y levantarse a la misma hora cada día, incluyendo los fines de semana.

La mejor forma de ejercicio

Caminar es probablemente la mejor forma de ejercicio. Esta actividad puede ser hecha en cualquier parte, no requiere práctica y es un buen medio para quemar calorías a fin de controlar el peso. Caminar debe ser una actividad de cada día, al menos de treinta a sesenta minutos. A diferencia de otras formas de ejercicio como correr, que pueden forzar las articulaciones, para la mayoría caminar no tiene efectos negativos. Todo lo que se requiere es tiempo. Una buena caminata tiene otras ventajas. Descubrirá que ayuda a despejar y estimular la mente. Esto es muy útil antes de una reunión o una presentación importante. Hay muchas oportunidades para caminar, sólo debe aprovecharlas.

> Una caminata temprano en la mañana es una bendición para todo el día.
> ⮑ *Henry David Thoreau*

Practicar un arte marcial

Las artes marciales son una excelente actividad que genera muchos beneficios —desarrollan la agilidad, la coordinación, la flexibilidad, la paciencia, el respeto por los demás y la disciplina—. También pueden aumentar la confianza en sí mismo y enseñan habilidades prácticas de defensa personal. Quizás no está interesado en convertirse en el próximo campeón de artes marciales, pero los beneficios para su vida son significativos si se dedica a esta actividad. Hay numerosas artes marciales, incluyendo el karate, judo, aikido, tae kwon do, hapkido, ju jitsu y Krav Maga®. Todas tienen sus pros y contras. Algunas disciplinas son muy exigentes físicamente, por ejemplo el judo, mientras otras, como el aikido, no involucran a fondo el factor físico. Para escoger un arte marcial, ensaye diferentes estilos. De esta forma descubrirá cuál le llama la atención y el instructor más apropiado.

El tiempo para aprender las habilidades correctamente y avanzar a través de los diferentes niveles es extenso. Para lograrlo, la práctica debe ser constante y de por vida. Las artes marciales son actividades excelentes que podemos hacer con la pareja o los hijos. Deben ser hechas dos o cuatro veces por semana.

Llevar un diario de ejercicios

Un diario de ejercicios sirve para registrar las sesiones de actividad física y monitorear el progreso. Tiene tres propósitos. Primero, es una gran herramienta de motivación que lo ayuda a poner en marcha y no desfallecer. Segundo, muestra honestamente qué tanto ha progresado. La información contenida describe sus actuales ejercicios, de tal forma que no se engaña en cuanto a su entrenamiento y resultados. Tercero, al registrar los resultados durante un período de tiempo, ayuda a determinar qué programas de entrenamiento funcionan mejor para usted. Un diario de ejercicios no debe ser algo complicado. Podemos comprarlo, usar una libreta pequeña o crear un archivo de computador. Lo importante es mantenerlo actualizado y revisarlo periódicamente.

Sus ritmos energéticos diarios

Nuestros niveles de energía fluctúan a lo largo del día. Durante unas horas nos sentimos listos para todo, y durante otras luchamos hasta para permanecer despiertos. Algunos prefieren levantarse temprano en la mañana y hacer la mayor parte de su trabajo antes del mediodía. Otros trabajan mejor durante la tarde o en la noche. Lo importante es aprender a trabajar con sus ritmos energéticos y no contra ellos. Esto significa que debe identificarlos y planear el día convenientemente. Una hora de trabajo durante el tiempo de mayor energía, puede ser tan fructífera como tres en un período bajo. Lo mismo se aplica al realizar tareas complejas o al enfrentar una decisión importante; hay que emplear los períodos de más alta energía. Durante las horas de más bajo nivel energético, debemos hacer tareas rutinarias que no requieran mucha concentración.

Con tiempo y práctica, usted podrá "sentir" las necesidades físicas del cuerpo. Si lo escucha con atención, percibirá lo que le está diciendo. Esto incluye los momentos en que debe descansar, hacer ejercicio o comer. También se sintonizará con las necesidades de su cuerpo y actuará de acuerdo a ello. Cuando llegue a este punto, no tendrá que pensar mucho en sus hábitos saludables ni fijar horarios de entrenamiento.

> Tanya estaba resuelta a iniciar y mantener un programa de ejercicios rutinario. Ingresó a un gimnasio y planeó hacer ejercicio al menos tres veces por semana después del trabajo. Durante un mes fue muy dedicada y cumplió con lo planeado. Sin embargo, luego empezó a faltar a su sesión de ejercicios. Sintió que después de un largo día de trabajo era difícil ir al gimnasio. Hacía un gran esfuerzo para no fallar, cuando lo que realmente quería era regresar a casa, cenar y relajarse. Decidió hacer ejercicio temprano en la mañana, antes de ir al trabajo. Este horario resultó ser mucho más agradable y fácil de mantener. Ella descubrió que se desempeñaba mejor, quedaba llena de energía para ir a trabajar, y rara vez faltaba a una sesión.

Hay quienes intentan hacer ejercicio tarde en la noche, después de una larga jornada de trabajo. Para algunos da resultado, pero otros encuentran difícil la actividad a tales horas porque se encuentran demasiado cansados física y emocionalmente. Para quienes tienen este problema, una mejor opción es hacer la sesión de ejercicios empezando el día o a media mañana. Es importante realizar las actividades en la hora más eficiente y no luchar contra uno mismo mental o físicamente.

✦ Determine si es una persona apta para la mañana o la noche

✦ No luche contra sus ritmos energéticos —trabaje con ellos—

✦ Haga el trabajo más importante en su mejor hora

Fortalézcase, no malgaste energía

Una advertencia sobre el ejercicio. A la mayoría de nosotros no nos pagan millones por jugar lastimados en la final del fútbol americano, ni tratamos de ganar una medalla de oro en las Olimpiadas. No exagere su programa de ejercicios. La actividad física puede ser llevada a extremos perjudiciales. Su principal objetivo es estar sano y en buena forma, a fin de disfrutar la vida al máximo y estar preparado para los retos que se presenten. Si exagera el ejercicio, terminará perjudicando el cuerpo en lugar de fortalecerlo.

Asegúrese de que el programa de ejercicios lo fortalezca y haga sentir más sano y energético. Si las actividades físicas que realiza lo dejan agotado, o si está lesionándose o desarrollando problemas crónicos, entonces está haciendo ejercicios equivocados o en exceso. Tenga hábitos saludables y un buen programa de ejercicios que le brinden la condición física deseada.

Evaluación de la condición física

La tabla mostrada a continuación incluye algunos datos de referencia para una buena condición física. Tal vez los encuentre difícil y lejos de su nivel actual. Sólo son una guía. Debe decidir la condición física que desea tener. Sin embargo, le sugiero que fije una meta alta y vaya más allá de sólo una buena salud. Entre más fuerte y saludable esté, mejor se sentirá consigo mismo, y más apto estará para enfrentar retos físicos y disfrutar actividades tales como excursiones, caminar distancias largas, canotaje en el mar, etc.

Componente	Mínimo	Bueno	Excelente
Caminar/Correr	5 millas	10 millas	15 millas
Flexiones de pecho	20	30	40
Sentadillas	30	40	50
Nadar	$^{1}\!/_{2}$ milla	1 milla	$1^{1}\!/_{2}$ millas
Flexiones de piernas	5	10	15
Bicicleta	10 millas	20 millas	30 millas

Consejos de preparación

1. Aprenda prácticas de buena salud y condición física.

2. Hágase un examen médico periódicamente.

3. Haga evaluar su condición física periódicamente.

4. Revise los hábitos alimenticios con un nutricionista.

5. Busque un profesional calificado que le desarrolle un programa de ejercicios.

6. Aprenda a disfrutar las caminatas.

7. Ingrese a un gimnasio o club de salud.

8. Dedíquese a un deporte que involucre movimientos como tenis, voleibol, fútbol o squash.

9. Limite el uso de ascensores y escaleras móviles.

10. Descanse el tiempo suficiente.

Resumen

La décima y última estrategia para planificar su vida es estar sano y en buena forma. El objetivo de tener buena salud y condición física es asegurar que posee la energía que necesita cada día, ser físicamente capaces de trabajar por sus objetivos y poder superar retos físicos. El nivel de salud y condición física deseado depende de usted, y debe tener en cuenta las limitaciones. Antes de empezar un programa de ejercicios, debe hacerse un examen médico completo además de una evaluación de la condición física. La buena salud y estar en forma se logra a través de prácticas positivas y constantes que incluyen una buena nutrición, descanso suficiente, mover el cuerpo cada día y seguir constantemente un programa de ejercicios. Este último debe incluir ejercicio cardiovascular, fuerza y resistencia muscular, flexibilidad, y movimientos para aumentar la agilidad, el equilibrio y la coordinación. Además de un programa de salud constante, la práctica de un arte marcial ayuda a aumentar la confianza en sí mismo y a desarrollar habilidades de defensa personal. Con el tiempo, aprenderá a trabajar con los ritmos energéticos naturales de su cuerpo, y planeará su día de acuerdo a ello para lograr una eficiencia máxima.

LISTA DE AUTOEVALUACIÓN

1 = Nunca   2 = Rara vez   3 = A veces
4 = Con frecuencia   5 = Siempre

	Puntuación
Hago ejercicio cardiovascular al menos tres veces por semana	
Hago ejercicio de fuerza al menos dos veces por semana	
Consumo alimentos nutritivos	
Estoy satisfecho con mi peso y composición corporal	
Duerno al menos ocho horas por noche	
Tomo de ocho a diez vasos de agua por día	
Ingiero de cuatro a seis comidas por día	
Hago estiramientos con mi cuerpo a diario	
Camino al menos dos horas por semana	
En lo posible evito usar escaleras móviles y ascensores	
Llevo un diario de ejercicios	
Tengo metas en cuanto al ejercicio	
Practico un arte marcial	
Comprendo mi ciclo energético diario y trabajo de acuerdo a él	
Puntuación total / 70	

PLAN DE ACCIÓN

Mayor reto: _____

Porcentaje de peso/grasa corporal:_____ /_____

Tiempo empleado en caminar cada semana: _____

Programa cardiovascular:

_____

_____

_____

Programa de fuerza:

_____

_____

_____

Programa de movimiento:

_____

_____

_____

Metas inmediatas:

_____

_____

_____

LECTURAS ADICIONALES

Browning, Ray, y Rob Sleamaker. *Serious Training for Endurance Athletes.* Segunda edición, Human Kinetics, 1996.

Dannhauser, Carol Leonetti, y Sandra Michaelson Warren. *I Need to Get in Shape, Now What?!* Silver Lining Books, 2001.

King, Brad J. *Fat Wars.* Wiley, 2001.

Phillips, Bill. *Body for Life.* HarperCollins, 1999.

Sharkey, Brian J., *Fitness and Health.* Cuarta edición, Human Kinetics, 1997.

Somers, Liz. *Age-Proof Your Body.* William Morrow, 1998.

Conclusión
Algunas consideraciones finales

Si no enfrentamos el reto de nuestra capacidad única de labrar la vida, de buscar los tipos de crecimiento que encontramos satisfactorios individualmente, entonces no tendremos seguridad: viviremos en un mundo de engaño, en el cual nuestro ser es determinado por la voluntad de otros, y seremos constantemente abofeteados y cada vez más aislados por los cambios que nos rodean.

NENA O'NEIL

Usted está preparado para el reto de la vida porque...

Conoce sus valores.

Sabe cuál es su dirección.

Es un pensador crítico e independiente.

Es disciplinado.

Deja atrás problemas pasados.

Disfruta la soledad.

No deja que el miedo lo detenga.

Es responsable de sus elecciones.

Vive el momento.

Está sano y en buena forma.

Empiece su preparación ahora

Las estrategias presentadas en este libro son para todo el mundo y pueden ser desarrolladas a cualquier edad. Usted puede empezar en cualquier momento y progresar a su propio ritmo. Puede ponerlas en práctica de acuerdo a su propio horario, una a la vez o todas al mismo tiempo, y a su propia velocidad. Es similar al ejercicio físico; siempre hay algo en qué trabajar. Inicie su preparación ahora y disfrute el proceso y los resultados.

No desatienda ninguna de las estrategias. Cada una es parte importante de la base que está creando. Si ignora uno o más pasos, su base será debilitada. Encontrará que unas son más fáciles de desarrollar que otras. Tal vez ya ha desarrollado algunas hasta un alto grado. Esto le da más tiempo y energía en las que no está preparado, o la que requiera mejoramiento. Desarrolle la base en su totalidad y no en forma parcial.

> **Nunca es muy tarde para ser lo que podíamos haber sido.**
> *⁓ George Eliot*

Convierta este plan en una estrategia para toda la vida

Las diez estrategias presentadas no son desarrolladas para luego ser ignoradas. Tienen un potencial de crecimiento infinito y siempre pueden ser llevadas a un nivel mucho más alto. Usted decide hasta dónde desea llevar cada una, pero entre más las perfeccione, más apoyo le darán. Deben ser una parte continua de su vida y algo en lo que siempre ha trabajado. Su plan de vida necesita ser estimulado y fortalecido a todo momento. Es un proceso que dura toda la vida. Fije la meta de mejorar una o más estrategias cada día.

> Durante los últimos quince años he disfrutado participar en carreras y maratones, desde competencias de cinco kilómetros hasta medias maratones. Mis registros de tiempo han decrecido a medida que envejezco, pero aún me beneficio mucho de la actividad. No se trata del desempeño en la carrera (aunque un buen resultado es fantástico), sino de lo que hace en mí tomar parte en ella. La competencia me reta física y mentalmente, y es útil en el desarrollo de varias estrategias del plan de vida —buena condición física, no tener miedo al fracaso, disciplina y enfocarme en el presente—. Cada carrera me ayuda a desarrollar más mi plan.

> La mejor de todas las cosas es aprender. El dinero puede perderse o ser robado, la salud y la fuerza pueden fallar, pero lo que hemos logrado en la mente es nuestro para siempre.
>
> *Anónimo*

Entender quién es usted

Algunas de las estrategias (valores, dirección) tratan directamente el entendimiento de lo que somos y nos motiva. Entre más conozca qué lo hace sentir vivo, su fortaleza crecerá y mayor será la capacidad de vivir bajo sus propios términos. Debe esforzarse por aumentar su conocimiento y aprender todo lo posible sobre usted mismo a lo largo de su vida. Es como pelar una cebolla. Al acercarse más hacia el centro, a lo que realmente somos, descubrirá más a fondo su identidad, trayendo consigo mayores beneficios. La vida no será clara en ocasiones, pero podemos tener claridad sobre nuestro ser. Parafraseando la línea de la película *Chariots of Fire*: "¿de dónde viene la fuerza para estar en la carrera hasta el final? Del interior".

Cada día presenta oportunidades para aprender más sobre su personalidad. Sólo hay que aprovecharlas. Cada persona que conoce y todo lo que le sucede puede promover el crecimiento personal. Todos los días tendrá experiencias que ayudarán a desarrollar su plan para la vida. Fije la meta de aprender algo nuevo de sí mismo cada día.

Tal vez encuentre útil escribir un diario de autoconocimiento. Cada vez que aprenda algo, sin importar lo insignificante que sea, póngalo por escrito. Puede ser tan simple como darse cuenta que prefiere un determinado color o que tiene un hábito particular. Todos los días encontrará cosas que escribir.

Otro método es averiguar cómo lo ven otras personas, hablando con amigos y miembros de la familia. Pregúnteles qué opinan de usted y cuáles son sus fortalezas y debilidades. Otras formas de aumentar el autoconocimiento son las pruebas de personalidad e intereses tales como el Myers-Briggs Type Indicator o el Strong Interest Inventory. Estas pruebas de autoanálisis le darán la oportunidad de aprender más acerca de su personalidad, intereses y valores. Pueden ayudarlo a confirmar creencias que tiene sobre sí mismo, tales como ser un individuo pensante o basado en los sentimientos, o por qué le atraen ciertos tipos de trabajos y no otros. Hacer pruebas de aptitud e inteligencia puede ser útil para conocer fortalezas y debilidades. Sin embargo, no tome tan a pecho los resultados de las pruebas, especialmente si no son los que esperaba. Véalos en conjunto con otra información, como un componente en su búsqueda de mayor conocimiento y entendimiento de sí mismo.

> Cuando una persona actúa sin ser consciente de lo que piensa, siente, necesita o quiere, todavía no tiene la opción de actuar de manera diferente.
>
> *Clark Moustakas*

Aproveche al máximo su energía

Parece que desperdiciar el tiempo en asuntos menores es parte de la naturaleza humana, al igual que luchar en pequeñas batallas que agotan nuestra energía. Podemos ganar las batallas, pero al final perderemos la guerra. La guerra es nuestra vida a largo plazo, y las batallas son los problemas menores que enfrentamos a diario. Las relaciones personales son buenos ejemplos de lo anterior. Una pareja puede tener muchas discusiones (batallas) y uno de ellos se siente bien por ganarlas, pero a la larga los dos pierden la guerra porque la relación termina en divorcio. Ganar los conflictos inmediatos y sólo terminar cada día, no es lo importante en la vida. El verdadero triunfo es ganar nuestra guerra personal. Esto significa tener la fortaleza para ignorar los problemas pequeños y de este modo dirigir la vida. Piense siempre en qué está dedicando su tiempo y energía.

> Es mejor vencerse a sí mismo que ganar mil batallas. Entonces la victoria es nuestra. No puede ser arrebatada por ángeles o demonios, cielo o infierno.
> ⁓ *Buda*

¿Tal vez un mundo mejor?

Nuestro mundo tiene muchos problemas —enfermedades, guerras, pobreza, desigualdad y hambre—. Por alguna razón no estamos dedicando tiempo suficiente y energía para enfrentarlos como se debería. Tenemos los medios para mejorar estos problemas y posiblemente eliminarlos por completo, pero una persona corriente no les da la atención necesaria. Parece que estamos demasiado ocupados en nuestra vida cotidiana.

Pero, ¿qué tal si podemos emplear parte de nuestro tiempo y energía? Si todos estuviéramos mejor preparados para la vida, tal vez eso nos daría el tiempo y la energía que necesitamos. Quizás si fuéramos más fuertes, no desperdiciaríamos tanto tiempo en contratiempos menores del diario vivir. Si no estuviéramos tan atrapados en la rutina diaria y nosotros mismos, podríamos enfocarnos más en la comunidad y el mundo. Tal vez emplearíamos el tiempo y la energía en crear un planeta mejor para todos.

> **Debemos ser el cambio que deseamos ver en el mundo.**
> ⌐ *Mahatma Gandhi*

La vida que podemos tener

Tenga en cuenta que su plan de vida le dará las herramientas para vivir eficazmente —para toda la vida—. Sin embargo, esto no garantiza que tendrá la vida que desea. El hecho de que el carpintero tenga las herramientas adecuadas, no significa que construirá una gran casa. Aún se debe elegir el diseño y realizar el trabajo. Puede tener todo lo que necesite para viajar por su vida, pero no usar las herramientas en forma apropiada. Es indispensable encontrar su camino, hacer elecciones y llevarlas a cabo. La vida que desea tener está en sus manos.

Desarrollar el plan para el reto de la vida asegurará que tenga las estrategias básicas. Poseerá la fuerza que necesita para hacer el viaje por el río de la vida. Siga las siguientes pautas:

✦ Trate los problemas cotidianos como moscas zumbando, ignorándolos por completo

✦ Sea fiel a sí mismo y no se deje influenciar por personas y eventos

✦ Sea fuerte y maneje las crisis e incidentes desafortunados que sucedan

✦ Lleve una vida proactiva y asegúrese de que sus expectativas se ajusten a la realidad

✦ Tenga una vida de acuerdo a sus propios ideales

Viva lo que es significativo para usted y no viva sólo por vivir. Si es un padre de familia, enseñe a sus hijos a ser fuertes, para que cuando crezcan también tengan una base sólida para vivir bien. Así como es difícil construir una casa sobre una base débil, es infructuoso construir una vida sin el adecuado plan. ¡Buena suerte en su viaje!

El hombre no simplemente existe, sino que siempre decide lo
que será su existencia, lo que él será en el momento siguiente.

~ *Viktor Frankl*

Consejos de preparación finales

1. Practique estas estrategias durante toda su vida.

2. Revise su progreso periódicamente.

3. Busque oportunidades de aprender más acerca de sí mismo
   todos los días.

4. Use su energía positivamente.

5. Fortalézcase todo lo que pueda.

6. Disfrute ser una persona fuerte.

7. Busque la realización y la felicidad.

Resumen

Las estrategias presentadas deben ser practicadas continuamente, de la misma forma que desarrollaría la fuerza muscular. Las diez estrategias deben ser observadas y desarrolladas.
Cada una es parte del círculo, y éste tiene la máxima fuerza
cuando todas las partes están desarrolladas por completo. El
plan debe ser un componente agradable de su vida hasta sus
últimos días. Cada estrategia tiene un potencial infinito para el
crecimiento personal, y usted decide qué tanto desea desarro-
llarla. Descubrirá que entre más aprenda de ellas y las desarrolle, mayores serán los beneficios y más fuerte se sentirá. Cada
día tiene oportunidades para retarse a sí mismo y llevar las
estrategias a un grado más alto. Si aprovecha tales oportunidades, encontrará que no hay límites en cuanto a la fortaleza
que puede adquirir. Además de prepararse para la vida, tome
ventaja de cada oportunidad conociéndose más a sí mismo.

Haga del descubrimiento y entendimiento personal una búsqueda de toda la vida. Tal vez si las personas estuvieran mejor preparadas para la vida y desperdiciaran menos horas cada día, más tiempo podría ser empleado para tratar de solucionar problemas mundiales serios como la pobreza, las guerras, las enfermedades, el hambre, gente sin hogar y la desigualdad. Buena suerte en su viaje y "sea fuerte".

LECTURAS ADICIONALES

Baron, Renee. *What Type Am I?* Penguin Books, 1998.

Frankl, Viktor E. *Man's Search for Meaning.* Simon & Schuster, 1959.

McGraw, Philip C. *Life Strategies.* Hyperion, 1999.

Peck, Scott. *The Road Less Traveled.* Touchstone, 1980.

CUESTIONARIO DE AUTOCONOCIMIENTO

El propósito de este cuestionario es aumentar el conocimiento que tiene de sí mismo. Responda las preguntas, pero también pregúntese el "por qué" de las respuestas.

Mis deportes favoritos son:

_____

_____

_____

Me gustan estos deportes porque:

_____

_____

_____

Mis libros favoritos son:

_____

_____

_____

Me gustan libros que:

_____

_____

_____

Mis películas favoritas son:

_____

_____

_____

Me gustan películas que:

_____

_____

_____

Mis canciones preferidas son:

_____

_____

_____

La música que me gusta escuchar es:

_____

_____

_____

La experiencia más agradable de mi vida ha sido:

_____

_____

_____

Mis ciudades preferidas son:

_____

_____

_____

Me gustan porque:

_____

_____

_____

El clima que prefiero es:

_____

_____

_____

Mi mejor día incluiría:

_____

_____

_____

Mis mejores vacaciones serían:

_____

_____

_____

Disfruto estar junto a personas que:

_____

_____

_____

Mi fiesta ideal sería:

_____

_____

_____

La mejor parte de mi día es:

_____

_____

_____

Si pudiera hacer una sola cosa en la vida, sería:

_____

_____

_____

Si pudiera cambiar algo de mí, sería:

_____

_____

_____

Soy más feliz cuando:

_____

_____

_____

Mi recuerdo más bello es:

_____

_____

_____

Me parezco a mi madre en:

_____

_____

_____

Me parezco a mi padre en:

_____

_____

_____

La ropa con la que me siento más cómodo es:

_____

_____

_____

Mi superhéroe favorito era/es:

_____

_____

_____

Las mayores influencias sobre mi vida han sido:

_____

_____

_____

Las personas que más admiro son:

_____

_____

_____

Las admiro porque:

_____

_____

_____

Si tuviera la oportunidad de vivir un mes en la estación espacial internacional, lo haría/no lo haría porque:

_____

_____

_____

Si pudiera viajar en un submarino hasta el lugar donde yace hundido el Titanic, lo haría/no lo haría porque:

_____

_____

_____

Índice

LLEWELLYN ESPAÑOL

lecturas para la mente y el espíritu...

Maria Shaw

EL DESPERTAR ESOTÉRICO

La única guía esotérica creada especialmente para adolescentes entre 12 y 18 años.

Esta obra ayuda a jóvenes de hoy en día a conocerse a sí mismos y a ganar mayor confianza por medio de el zodíaco, fórmulas numerológicas y otras facetas de la Nueva Era. Aprenda a desarrollar facultades intuitivas.

7½" x 9⅛" • 336 págs.

0-7387-0511-X

Gwinevere Rain
LA MAGIA DE LOS ENCANTOS
La magia de la Wicca
escrita por una joven hechicera.

Esta es una lectura entretenida para una inquieta juventud. Aquí encontrará toda clase de encantos, desde hechizos para el amor, cómo lidiar con chismes indeseables, hasta cómo hablar con sus padres sobre la fascinante Wicca.

7½" x 7½" • 160 págs.
0-7387-0402-4

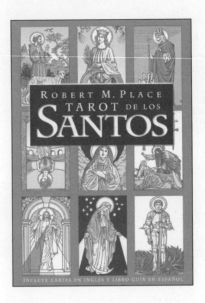

Robert M. Place

TAROT DE LOS SANTOS

Intérnese en los significados
de la tradición mística Cristiana.

Ahora, por medio de las cartas, las personalidades
históricas y míticas de los santos, le dan vida
a las imágenes abstractas del tarot. El libro guía
adjunto al tarot, *El mensaje de los santos*, contiene
la historia y leyenda de cada santo, además de la
explicación de cada carta y cómo usarla.

6" x 9" • 240 págs.

0-7387-0117-3

Ted Andrews

SEA PSÍQUICO

Las habilidades psíquicas al alcance de sus dedos.

Aquí tiene la oportunidad de explorar ésta
capacidad innata en todo ser humano,
hasta llegar a niveles nunca alcanzados.
Aprenda a leer las impresiones psíquicas
en personas, objetos y lugares. Detecte la
energía en desequilibrio que afecta
la mente y el cuerpo de individuos.

5³⁄₁₆" x 8" • 264 págs.

0-7387-0512-8

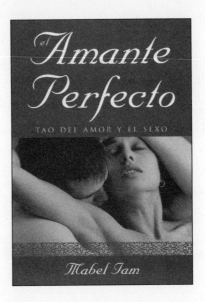

Mabel Iam

EL AMANTE PERFECTO

Disfrute de una vida íntima a plenitud.

Esta guía reúne los elementos de sabidurías
milenarias para que usted y su pareja aprendan
a materializar el placer sexual en armonía
con su cuerpo y espíritu. Encuentre el
camino hacia el placer y el amor.

6" x 9" • 216 págs.

0-7387-0314-1

FENG SHUI

SHUI

para
el
amor

SHAN-TUNG HSU

Shan-Tung Hsu

FENG SHUI PARA EL AMOR

Diseñe su vida con amor y bienestar.

Utilice los secretos del Feng Shui para enriquecer su vida sentimental. Aprenda a mejorar su situación actual con su pareja o a atraer nuevas relaciones amorosas a su vida.

5³⁄₁₆" x 8" • 264 págs.

0-7387-0381-8

Richard Webster

QUIROMANCIA PARA PRINCIPIANTES

Realice lecturas de la mano en cualquier lugar
y en cualquier momento.

Esta obra le enseñará cómo efectuar lecturas de
la mano para revelar detalles de la personalidad,
la vida sentimental, la prosperidad y la salud.
Puede realizar lecturas de cualquier persona,
incluyéndose a usted.

5³⁄₁₆" x 8" • 240 págs.

0-7387-0396-6

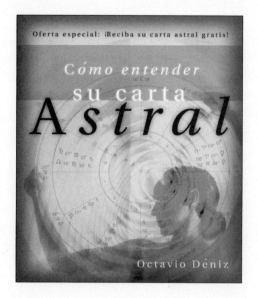

Octavio Déniz

CÓMO ENTENDER SU CARTA ASTRAL

Mejore su vida con el poder de los astros.

Descubra los elementos dominantes de su personalidad. Mejore las áreas que crean conflictos internos. Esta lectura le enseñará a entender los elementos que conforman la carta astral para iniciar una exploración fascinante hacia el universo interior.

7½" x 9⅛" • 312 págs.

0-7387-0316-8

LLEWELLYN ESPAÑOL

Richard Southhall

ESPÍRITUS Y FANTASMAS

Investigue evidencias paranormales.

Ponga en práctica cientos de consejos empleados por el autor en sus investigaciones de fenómenos paranormales. Establezca la diferencia entre fantasmas, espíritus y entidades. Forme grupos de estudio para analizar este tipo de fenómenos.

5³⁄₁₆" x 8" • 216 págs.

0-7387-0382-6

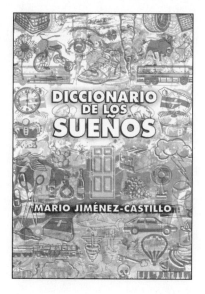

Mario Jiménez Castillo

DICCIONARIO DE LOS SUEÑOS

Conozca el significado de sus sueños.

El autor presenta información actualizada
sobre los estudios del sueño, y cómo ser
aprovechada para llevar una vida en armonía.
Esta obra ha sido catalogada como uno
de los diccionarios más completos
hasta ahora publicados.

6" x 9" • 312 págs.

0-7387-0313-3

MANTÉNGASE EN CONTACTO...

Visítenos a través de Internet, o en su librería local,
donde encontrará más publicaciones sobre temas relacionados.

www.llewellynwespanol.com

CORREO Y ENVÍO

✔ $5 por ordenes menores a $20.00
✔ $6 por ordenes mayores a $20.01
✔ No se cobra por ordenes mayores a $100.00
✔ En U.S.A. los envíos son a través de UPS. No se hacen envíos a Oficinas Postáles.
Ordenes a Alaska, Hawai, Canadá, México y Puerto Rico se envían en 1ª clase.
Ordenes Internacionales: *Envío aéreo*, agregue el precio igual de c/libro al total del valor ordenado más $5.00 por cada artículo diferente a libros (audiotapes, etc.). *Envío terrestre*, agregue $1.00 por artículo.

ORDENES POR TELÉFONO

✔ Mencione este número al hacer su pedido: 0-7387-0401-6
✔ Llame gratis en los Estados Unidos y Canadá al teléfono:1-877-LA-MAGIA
En Minnesota, al (651) 291-1970
✔ Aceptamos tarjetas de crédito: VISA, MasterCard y American Express.

OFERTAS ESPECIALES

20% de descuento para grupos de estudio. Deberá ordenar por lo menos cinco copias del mismo libro para obtener el descuento.

4-6 semanas para la entrega de cualquier artículo. Tarífas de correo pueden cambiar.

CATÁLOGO GRATIS

Ordene una copia de Llewellyn Español. Allí encontrará información detallada de todos los libros en español en circulación y por publicarse. Se la enviaremos a vuelta de correo.

LLEWELLYN ESPAÑOL

P.O. Box 64383, Dep. 0-7387-0401-6
Saint Paul, MN 55164-0383
1-877-526-2442